作詩法の基本とイタリア・オペラの台本
より正しく理解するために

L'arte della poesia italiana
- Elementi di metrica -

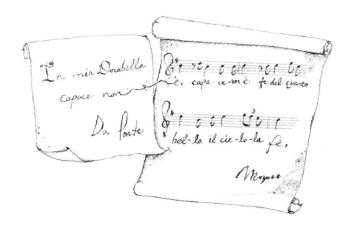

エルマンノ・アリエンティ
Ermanno Arienti

翻訳：諏訪玲子(本文、序文)/影井サラ(はじめに、補遺)
Reiko Suwa / Sara Kagei

目　次

はじめに　　7

序文　　9

Capitolo I　音節　LA SILLABA　　13
  1．母音（La vocale）　14
    Ⓐ　音色（Il timbro）　16
  2．半母音または半子音（La semivocale o semiconsonante）　16
  3．子音（La consonante）　17
    Ⓐ　イタリア語の子音に関するもう一つの重要な現象
      （La durata delle consonanti）　18
  4．単語の区分、すなわち音節区分法（La sillabazione）　19
  5．連続する母音（Il gruppo vocalico）　20
    Ⓐ　二重母音（Il dittongo）　20
    Ⓑ　母音分離（Lo iato）　24
    Ⓒ　三重母音（Il trittongo）　24
  6．母音字省略（L'elisione）、語尾脱落（Il troncamento）、語頭音消失（L'aferesi）と語中音消失（La sincope）　25
    Ⓐ　母音字省略（L'elisione）　25
    Ⓑ　語尾切断（Il troncamento/L'apocope）　26
    Ⓒ　語頭音消失（L'aferesi）　28
    Ⓓ　語中音消失（La sincope）　28

Capitolo II　詩行　IL VERSO　　29
  1．一行の詩行における音節の数え方（Il computo delle sillabe）　30
    Ⓐ　語内分音（La dieresi）　30
    Ⓑ　語内合音（La sineresi）　31
    Ⓒ　語間分音（La dialefe）　32
    Ⓓ　語間合音（La sinalefe）　33
  2．修辞法（La figura retorica）　34
    Ⓐ　リズム・音声形態によるもの（La figura ritmico-sonora）　35

Ⓑ　思考形態によるもの（La figura di pensiero）　　37
　　　Ⓒ　話術による形態（La figura di elocuzione）　　41
　３．アクセントの付けかた　L'accentazione）　　44

Capitolo III　韻律のリズム　I RITMI DELLA METRICA　　53
　１．弱強のリズム（Giambo）　　54
　２．強弱のリズム（Trocheo）　　54
　３．弱弱強のリズム（Anapesto）　　55
　４．強弱弱のリズム（Dattilo）　　55
　５．強強のリズム（Spondeo）　　55

Capitolo IV　アクセントの置き場所
　　　　　LA COLLOCAZIONE DEGLI ACCENTI　　57
　１．二音節詩行（Bisillabo または Binario）　　59
　２．三音節詩行（Trisillabo）　　60
　３．四音節詩行（Quadrisillabo または Quaternario）　　60
　４．五音節詩行（Quinario）　　61
　５．六音節詩行（Senario）　　63
　６．七音節詩行（Settenario）　　64
　７．八音節詩行（Ottonario）　　68
　８．九音節詩行（Novenario）　　70
　９．十音節詩行（Decasillabo）　　71
　10．十一音節詩行（Endecasillabo）　　73

Capitolo V　脚韻　LA RIMA　　79
　１．交代韻（Rima alternata）　　81
　２．対韻（Rima baciata）または平行韻（Rima accoppiata）　　82
　３．連続韻（Rima continuata）　　82
　４．連鎖韻（Rima incatenata）　　83
　５．交叉韻（Rima incrociata）または閉鎖韻（Rima chiusa）　　83
　６．中部韻（Rima interna）　　83
　７．倒置韻（Rima invertita）　　84
　８．余剰韻（Rima ricca）　　85
　９．中間韻（Rima al mezzo または Rimalmezzo）　　85

10．反復韻（Rima ripetuta）　　　85

Capitolo VI　詩節　LE PRINCIPALI STROFE　　87
1．二行詩節（Distico）　88
2．三行詩節（Terzina）　88
3．四行詩節（Quartina）　89
4．六行詩節（Sestina）　89
5．八行詩節（Ottava）　90
6．ラッサ（Lassa）　91
7．現在の歌（Canzoni moderne）　91

Capitolo VII　イタリア古典詩における最も一般的な詩の型
FORME METRICHE PIÙ COMUNI NELLA POESIA CLASSICA ITALIANA　95
1．バッラータ（Ballata）　96
2．祝宴の歌（Brindisi）　98
3．カンツォーネ（Canzone）　99
4．フロットラ（Frottola）　101
5．1500年代のマドリガル（Madrigale del cinquecento）　102
6．1300年代のマドリガル（Madrigale trecentesco）　104
7．オペラ（Melodramma）とカンタータ（Cantata）　105
8．オーデ（Ode）　107
9．オーデ・カンツォネッタあるいはアナクレオン体カンツォネッタ
（Ode-canzonetta o Anacreontica）　108
10．セスティーナ・リーリカ（Sestina lirica）　109
11．ソネット（Sonetto）　111
12．ストランボット（Strambotto）　113

Capitolo VIII　オペラ　OPERA LIRICA　115
1．オペラのタイプ（I soggetti dell'opera）　116
　Ⓐ　オペラ・セリア（Opera seria）　116
　Ⓑ　オペラ・ブッファ（Opera buffa）　116
　Ⓒ　ドランマ・ジョコーゾ（Dramma giocoso）　116
　Ⓓ　オペラ・セミセリア（Opera semiseria）　117

- Ⓔ ファルサ（Farsa）　117
- 2．オペラの音楽のナンバー（Numeri musicali）　118
  - Ⓐ アリア（Aria）　118
  - Ⓑ アリエッタ（Arietta）　126
  - Ⓒ アリオーゾ（Arioso）　127
  - Ⓓ 二重唱（Duetto）　127
  - Ⓔ コンチェルタート（Concertato）　127
  - Ⓕ 合唱（Coro）　128
  - Ⓖ 連鎖「チェイン・フィナーレ」（Finale a catena）　128
  - Ⓗ メッザリア（Mezz'aria）　128
  - Ⓘ レチタティーヴォ（Recitativo）　129
  - Ⓙ ロマンザ（Romanza）　130
  - Ⓚ ロンド（Rondò）　131
  - Ⓛ 三重唱（Terzetto）　131

補遺A　Appendice A　133
音楽とオペラに関する一般的な用語の解説
GLOSSARIO DEI TERMINI COMUNI DELLA MUSICA E DELL'OPERA

補遺B　Appendice B　143
詩を読んで練習するためのいくつかのアリア
ALCUNE ARIE PER ESERCITARSI NELLA LETTURA METRICA

補遺C　Appendice C　149
古典詩やオペラの台本に見られる単語や表現
PAROLE ED ESPRESSIONI CHE TROVIAMO NELLA POESIA CLASSICA E NEI LIBRETTI D'OPERA

参考文献　BIBLIOGRAFIA　157

はじめに

　数年前、私の教える学生に向けたイタリア語の韻律と詩歌の授業用に一種の覚書のような講義録を作成しました。その後さらに完成されたものを執筆してほしいとの声がいくつか寄せられ、その結果がこの本というわけです。
　本書を執筆するにあたり、新たに考案したことは特にありません。高校時代に苦労しながらも習得した基礎的な知識を再度引き出し、若い頃に学び取ることができなかった知識を可能な限りの書物にあたり独学して導き出したものを今回加え、架空の学生に向けて語り、講義をしているかのような形式で書かせてもらいました。

　なぜ歌を歌うために韻律を勉強することが大切なのでしょうか？　それは詩と音楽には二つ共通する点が存在するからです。ひとつは両者ともに律動（リズム）に土台を置いている点、そしてふたつめは出来事、感動を模造、再現することができるという点です。まさにこの二点こそ基礎知識以上に読者に伝達できないかと努めた部分です。
　私の本を読んだところで歌が上手になるわけではないことは承知しています。音痴な人は残念ながら音痴のままでしょう。しかしながら、韻律の知識はリズムと歌詞の中に隠されたニュアンスを感じ取ることを容易にし、それは疑いもなく旋律の解釈を助け、この調和をより表現的なものにすると確信しています。

　重要な語句には、イタリア語の用語も覚えてもらえるよう、括弧で原語を載せています（動詞の不定法、名詞と形容詞の単数形）。また本書の表や名前の一覧などはすべてイタリア語のアルファベット順で記載しています。今回、韻律とは直接関係のない情報がいくつか登場しますが、それらは私が講義の中で使用しているもので、読者の皆さんにイタリア語の専門用語などを学んでいただけるよう敢えて残すことにしました。

　この本には、本文でとりあげた詩のイタリア語の発音の手本になるようにCDを添えてあります。このCDを聴きながら一緒に繰り返すことによって、イタリア語の詩のリズムやアクセント、発音が身についてきますので勉強に役立ててください。CDに収録した箇所には□囲みの番号でページの右端に表示してあります。

本書はイタリア語の発声法の本ではないことをお伝えしておきます。発声法を学びたい場合には実際の先生に師事するか、CDを用いて練習することをお勧めします。

　そして最後に私を執筆へと向かわせ、大きな力を貸してくださった多くの方々に感謝いたします。本書の完成まで精神的に支えてくださった川上洋司先生、専門用語に関してさまざまな助言をくださった鈴木信吾先生、そして小瀬村幸子先生、ありがとうございました。

　不備な原稿の編集と校正の労をとってくださった石川勝氏には筆舌に尽くせないほどお世話になりました。心より感謝しています。

　また読者の皆さん、本書には不完全な箇所が多々あるかと思いますが、あらかじめお許しいただければ幸いです。

エルマンノ・アリエンティ

序文

　どんなに深い思想でも、思っていることをただ書いただけでは詩にはならない。この「思い」（pensiero）というものを考えてみよう。"Io sento come se il vento soffiasse tra le piante e paragono quel silenzio eterno a questa voce e mi ricordo dell'eternità, del tempo passato, del tempo attuale e della sua voce."（私はあたかも風が木々の間をそよいでいるように感じ、その計り知れない静寂をこの風のそよぎと対比する。すると無限というものが知覚され、過ぎ去った過去と、そして現在の風のそよぎが心を満たす）。この文章を詩行に分けてみても（dividere in versi）、「思い」は確かに通じるが、ただそれだけでは詩（poesia）にはならない。

> "Io sento come se il vento soffiasse tra le piante　　1
> e paragono quel silenzio eterno a questa voce
> e mi ricordo dell'eternità, del tempo passato,
> del tempo attuale e della sua voce."

しかし、

> …E come il vento　　1
> odo stormir fra queste piante, io quello
> infinito silenzio a questa voce,
> vo comparando: e mi sovvien l'eterno,
> e le morte stagioni, e la presente
> e viva, il suon di lei.

　さてどうだろう、これはジャコモ・レオパルディ（Giacomo Leopardi）という詩人の「無限 "L'infinito"」という素晴らしい詩である。Leopardi の詩節（strofa）は厳密に作詩法（metrica ben precisa）を踏んで書かれている。しかしそれだけではない。そこには言葉の持つ音楽性（musicalità）、レオパルディ自身のオリジナリティ（originalità）、さらには勉強と研究とそして強い情感がある。それらが相まって、読者がその情感を共有できる力をこの詩に与えているのである。

この本では詩を理解し、詩人がその詩を書いたときに感じた感情を味わうのに役立つ（utile）勉強をしたい。さらにイタリア・オペラを理解するための基本も学びたい。

　作詩法とは、文章を韻文化（versificazione）するにはどうするかという決まり（disciplina）のことである。つまり、アクセントの付いた、あるいは付かない音節で構成される一行の詩行の内部構造（struttura interna）をどうするか、さまざまな形（fattura）の詩節の中で、たくさんの詩行をどう構成してゆくかなどを知る規則のことである。概して作曲家（compositore）は作曲するときに歌詞の韻律を重視する（considerare）。
　しかしそれだけではなく、詩行自体の音楽性に影響され（suggestionare）左右される（condizionare）。とはいえ音楽は旋律を優先するために、ときには作曲家は言葉、アクセント、詩行や詩節を強引に変更することもできるのである。

　詩では、したがって歌やオペラの歌詞でもそうであるが、言葉の流れ（successione）は、リズムという物差し（criterio ritmico）で計られる。ギリシャ語やラテン語の詩のリズムは音節の長短（qualità sillabica）、すなわち長音節（sillaba lunga）と短音節（sillaba breve）の交代（alternanza）で計られるために長短韻律（metrica quantitativa）と呼ばれる。一方イタリア語の詩は、アクセントのある音節（sillaba tonica）とアクセントのない音節（sillaba atona）の交代からなっているために強弱韻律（metrica accentuativa）と呼ばれる。しかしこのことにあまり神経質になる必要はない。実際つぎのように注意を促した韻律学者（metricologo）もいる。すなわち、叙事詩その他の伝統とは違って、イタリア語では言葉自体が重要なのであり、詩においても言葉が律動的で自立的な（autonomo）意味を持つというのである。

　では、各語のつながりである言連鎖（catena parlata）の中で、音素（fonema）がどのような構造に基づいてそれぞれ組み立てられているかを探って（esaminare）みよう。

　この本ではまず、母音（vocale）、半母音－半子音（semivocale-semiconsonante）、子音（consonante）からなる音節（sillaba）と、さまざまな音素の持続（durata）、さらにイタリア語の韻律で非常に重要なアクセント（accento）について学び、さらに音節区分法（sillabazione）、二重母音（dittongo）、三重母音（trittongo）、

母音分離（iato）を含む連続する母音（gruppo vocalico）についても学ぶ。母音省略（elisione）、語尾の母音または音節の切断（troncamento）、語頭音または音節の消失（aferesi）、語中音消失（sincope）といった音声結語（fonetica combinatoria）についても若干の現れ方（fenomeno）を検討したい。さらに、喉頭音（tono laringale）によって音高変異（variazione di altezza）のもたらす多様な抑揚（intonazione）についても学ぶ。それは長く続く（sequenza lunga）一連の音に関してのもので、フレーズの旋律曲線（curva melodica）を形成し、情緒的な（affettivo）要素、暗示的な（connotativo）要素、美的な（estetico）要素などの副次的な情報（informazione complementare）を伝達する。

　詩句（verso）に関しては、さまざまな韻律の形（figura metrica）を取り上げ、多様なタイプのイタリア語の詩を知ることにより、どんな詩句があるか、脚韻（rima）はどうなっているかなど、さまざまな詩形を学びたい。巻末には、この論題（argomento）と、オペラを学ぶのに役立つ三つの補遺（appendice）を付しておいた。

Capitolo I

音節

La sillaba

Alleluiate o trombe! o cetre! o cori!
O roridi vapori!
O stelle! o fiori ~ cui non vizza il gel!
Qui eterna è l'ora: a misurar non vale
egro tempo mortale
l'inno ideale ~ che si canta in ciel.
La nota umana faticosa e grave
qui non si pave.

音節（La sillaba）

　音節とは、ある単語を発音するときに起こる一つ一つの発声（emissione di voce）のことである。
　音節は母音（vocale）、子音（consonante）、半母音‐半子音（semivocale-semiconsonante）から成っている。母音は、発声するときに肺の空気がなんらの障害（ostacolo）も伴わずに流れ出る音であり、反対に子音とは、障害を伴って発声される空気の流れである。半母音‐半子音とは i と u が、アクセントのある他の母音の前か後ろに置かれた場合に起こる音のことで、そのとき肺の空気は、母音を発声するときよりも狭い気管を通って流れ出る。

1. 母音（La vocale）

　口から発せられるイタリア語の母音（vocale orale）には七種類の音声がある。a と è ＝開口音（aperto）、é ＝閉口音（chiuso）、i と ò ＝開口音、ó ＝閉口音 と u の七種類である。e と o には二段階の口の開け方があるが、音節にアクセントがあるときだけが、音の区別がつく。
　イタリア語の母音は次の母音梯形図によって図示できる。

　母音梯形図（trapezio vocalico）とは、発声源となる場所（調音点）が口腔内のどこにあるかに基づいて母音を配置した図である。

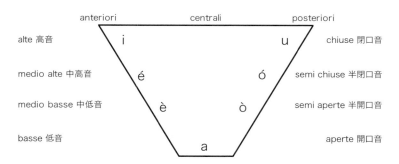

　調音点（articolazione）の位置についていえば、中間の a の場合は歯列（chiostra dentaria）からだいたい40mm のところにあるが、i の場合には10mm のところまで歯列に近づき、u の場合には 歯列から65mm まで遠ざかることが確認されている。正しい発音では、イタリア語の母音は非常に明瞭に発せられ、

語頭のところでも、聞いている人がけっして聞き違えることのないようにはっきりと発音される。とくにアクセントのある音節や、異なる二つの母音が連続しているときにはそうである。アクセントのない母音は長く伸ばしてはいけない。それにひきかえ、アクセントのある母音は長い場合も短い場合もある。その証拠にアクセントのある母音は、開音節（sillaba aperta）すなわち母音で終る音節のときには長く、閉音節（sillaba chiusa）すなわち子音で終る音節のときには短い。例えば pala（シャベル）と palla（ボール）という二つの単語は、字面ではＬが一つか二つかという違いしかないが、最初の **a** という母音の長さについてみれば、どちらもアクセントがあるにもかかわらず、pala の **a** は長く、palla の **a** は短い。なぜならば pala では **pa** という開音節、palla では **pal** という閉音節になっているからである。閉口母音（vocale chiusa）は開口母音（vocale aperta）よりも短く、後舌母音（vocale posteriore）は前舌母音（vocale anteriore）よりも短く、総じて子音は母音よりも持続時間が短いということを知るのは面白いことである。

　軟口蓋（palato molle）が上がって咽頭（faringe）の後方を塞ぐと、空気は鼻腔から流出（fuoriuscita）できなくなり、口で発せられる母音である口母音（vocale orale）が生じる。反対に軟口蓋が下がって空気が口腔からも鼻腔からも発せられると鼻母音（vocale nasale）が生じ、母音は軽い鼻声のような状態になる。例えば "tonfo"（ポチャン、ジャブンという音）、"ronfo"（いびきをかく）、"tondo"（丸い）などの言葉では、実際の音声は、むしろ tōfo rōfo、tōdo のように、はっきりと鼻にかかった **o** の音をもっているのである。

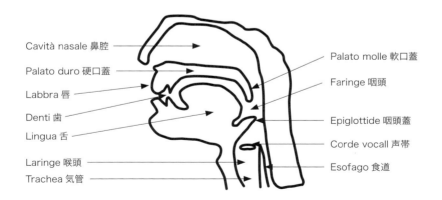

Ⓐ **音色 (Il timbro)**

　音色（timbro）とは、それぞれの音が基本的にもつ特色の一つである。ある人の声と他の人の声の違いは耳で聞いてわかる。音色は、喉頭（laringe）の上下にある腔（cavità）のさまざまな状態によって人それぞれに特色がある。この腔は咽頭（faringe）とともに共鳴胴（cassa di risonanza）の役割を果している。耳に心地よく聞えるときには声は美しく、また良い響きのときや、倍音（suono armonico）が上手く処理できたときには美しい声になる。ある音の音響スペクトルの内容（contenuto spettrale）を調整し得るすべての可能性によって音色は決定される。しかし声に関していえば、音楽用語での「音色」とは、一つの声に本来備わっている（intrinseco）特色と考えるのがよく、せいぜいが表現の目的で意識的に音色を修正することを意味して色（colore）という言葉が使われている。

☞ 歌の訓練は長い年月を必要とし、歌手に多くの観点から並はずれた能力（prestazione）を習得させるものである。いくつかの例を挙げただけでも、声の張り（intensità）、声の持続（durata）、何時間も続けて声を失わずに歌う能力、楽譜（partitura）が要求する表現に色を合わせる能力、強制して消耗（logorio）した声の器官（apparato vocale）を回復させる（ottimizzare）能力、音域（tessitura）いっぱいに美しい（gradevole）均質な（omogeneo）音色を出すために、体という共鳴胴をすべて効果的に使いこなす能力、などなどがある。

　多様な色を作り出す力を身につけるためにこそ、歌詞の発音（pronuncia）の教育（educazione）が重要なのである。なぜならばそこでは、通常母音の数は基準となる五つよりも多く、それは高音域（registro acuto）のときよりも低音域（registro grave）で発せられるときに、全く違った口腔の位置が求められるからである。

2．半母音または半子音 (La semivocale o semiconsonante)

　イタリア語の半母音（半子音＝semiconsonante）は二つしかない。口蓋（palatale）**i** と、軟口蓋（velare）**u** である。アクセントのある母音に続くときに半母音と呼ぶ（例：sèi, pàu-sa）。それに対し、アクセントのある母音に先行するときは半子音と呼ばれる（例：piò-ve, lin-guà）。この二つの半母音を発音するには、母音としての **i** と **u** を発音するときよりも口腔の気管が狭くなる。そのために耳は母音としての音色だけでなく、子音の特徴である吐きだされる空

気の軽い摩擦音（rumore della confricazione）をも感知する。半母音は常に母音と隣り合って（attiguo）、その母音とともに音節を作るのが常なので、音節の頂点（apice）となることはない。またそこに主要なアクセントが落ちることもない。

　例：quando［kwando］（いつ）
　　　gioia（喜び）（オペラでは gioja と書かれることがあるが、これは **i** が半母音であることを示しているのである。）

3．子音（La consonante）

　イタリア語で使用される子音は母音よりもはるかに数が多い。しかし他のヨーロッパの言語に比べればその数は限定的である。大別すると、イタリア語の子音は無声（sorda）子音と有声（sonora／fonica）子音という二つのカテゴリーに分類できる。有声子音は、発声（fonazione）しているときに声門（glottide）あるいは喉頭（laringe）がいくぶん振動している。無声子音の発声においてはこの振動は起こらない。無声子音と有声子音の違いは、すべての言葉においてイタリア語の場合と同じように感じとられるわけではない。振動がある言葉は二つの方法で知ることができる。一つは、のど仏（pomo di Adamo）の上に人差し指を置いてみる方法である。もう一つは、耳珠（じし）といわれる耳の穴の前にある三角形の小さな突起部分（trago）を抑えて耳を塞いでみる方法である。有声子音が発音されるときにはブンブンというような音（ronzio）が聞かれるが、無声子音が発音されるときにはそれがない。

　☞　子音について、ここでは詳しく取り上げないが、一つだけ **n** という子音について考察してみよう。これは鼻子音（nasale）といわれ、イタリア語ではもっとも普通の子音である。単語の頭に置かれたり（neve, naso）、母音と母音の間（intervocalico）に置かれたり（pane, pino）、一番最後に置かれたり（in）する。子音の直前に置かれる（preconsonantico）場合には、いろいろな子音の前に置かれることにより、次の三つの鼻音現象（fenomeno nasale）が起こることがわかる。　①歯音（dentale: davanti a T e D）、②軟口蓋音（velare: davanti a C e G duri）、③唇歯音（labiodentale: davanti a F e V）の三つの現象である。

　　たとえば、"ponte"、"anche"、"invece" という単語を発音するときの口腔内の位置に注目していただきたい。最初の場合は、舌の先が口蓋の前方で歯のところに触れているのがわかるだろう。二番目の場合は、舌ではなく軟口蓋が

口腔を閉じている。三番目の場合は、上の門歯が下唇に触れている。これは他の二つの場合には絶対に起こらないことである。もし"anche"や"invece"を①番と同じように舌だけを使って発音するなら、"an-e-che"とか"in-e-vece"とかと発音することになってしまう。

A　イタリア語の子音に関するもう一つの重要な現象（La durata delle consonanti）

それは次の三つの場合に起こる子音の長さ（durata）の問題である。つまり短子音（consonante breve）と、gl、gn、sc、z のような長子音（consonante lunga）、さらに同じ子音が連続した二重子音（consonante doppia）の三つの場合である。母音では長さは文字としては現れてこないが、子音では少なくとも部分的に、重複という形をとって文字で記される。しかしこの書法は誤解を与えかねない。というのは、二重子音は本当に短子音二つ分の長さがあるのかと思ってしまうからである。しかしテンションこそ短子音より長くはなるが、あくまで一つの音なのである。z と z には他の長子音と違って二つの書法（z と zz）がある。しかし実はどちらも長く、たとえば書法の違いからくる"giustizia"（正義）と"giustezza"（正確、正しさ）はどちらも長い z（z lungo）で発音される。

このように現実には、1）弱い（tenue）持続、2）中庸の（medio）持続、3）強い（rafforzato）持続という三つの長さの段階があるのである。中庸の持続はフレーズの頭や子音の後（postconsonantico）の部分で起こる。たとえば pòrto の t は、vuòto の t よりも強いが、強い持続の còtto の t よりは弱い。

この現象はイタリア人には当たり前のことであるが、外国人にはこのことにも注意を払わなければならない。概して子音の持続は、それに先立つ母音と関係がある。たとえば carro の母音 a は短く、子音 r は長い。caro の母音 a は長く、子音 r は短い。このように長さについてみれば、母音が子音に影響し、またその逆に子音も母音に影響しているのである。しかし実際にはイタリア人は、母音の長さよりも子音の長さのほうをより強く感じている。

いくつかの例を対比してみよう。

acanto（アカンサス）	accanto（近くに）
anelo（息切れした）	anello（指輪）
aprendo（開きながら）	apprendo（apprendere［覚える］一人称単数現在）
bruto（獣の）	brutto（見苦しい）
camino（暖炉）	cammino（歩行）
caro（愛する、高価な）	carro（馬車）

casa（家）	cassa（箱）
copia（写し）	coppia（ひと組）
fola（お伽話）	folla（群衆）
fumo（煙）	fummo（essereの一人称複数遠過去）
nono（9番目）	nonno（祖父）
note（メモ　複数）	notte（夜）
papa（教皇）	pappa（まんま　幼児語）
pena（苦悩）	penna（羽根、ペン）
sano（健康な）	sanno（sapere［知る］3人称複数 現在）
seno（胸）	senno（分別）
sono（essereの現在）	sonno（眠り）
vene（静脈）	venne（venire［来る］3人称遠過去）

長い子音、短い子音の発音上の欠陥（difetto di pronuncia）は、たとえ意味に影響はないとしても、聞いていて非常に混乱をおこさせるものである。

4．単語の区分、すなわち音節区分法（La sillabazione）

音節（sillaba）は改行する（andare a capo）ときや詩作のときに、一つの単語を分割するのに必要となってくる。しかし慣例的な（convenzionale）分割ではない。"papà"、"partì"、"cantò"などの語を発音するときの横隔膜（diaframma）を観察すると、横隔膜は2回 収縮している（contrarsi）ことがわかる。この収縮は1回目は弱く、2回目はそれよりも強く、まさに母音の発音に一致して起こっている。

アクセントのある母音はアクセントのない母音よりも強く、より緊張（sforzo）が求められる。

例えば"insenatura"（入り江）という単語では曲線は次のようになるだろう。

母音は音節の頂点（vertice）となる。　　子　母　子　母　子　母

単語には単音節（monosillabica）、2音節（bisillabica）、3音節（trisillabica）、さらに多音節（polisillabica）の単語がある。

"**ma**" や "**ca**" などのように母音で終るものは開音節（sillaba aperta）といわれ、"**con**" や "**per**" のように子音で終るものは閉音節（sillaba chiusa）といわれる。

では単語をどのように音節に分けるのだろうか？　次に主な規則を述べよう。

a）音節は切り離せない（inscindibile）。だから分割せずに行末に書き込んでしまうか、それができなければ次に続く行の頭に持って行く。

b）単語の頭に母音がきて、次に一つの子音がくれば、最初の母音一つで1音節をつくる。

　　　例：e re mo、　o ti te、　u mil tà、　u va
　　　　　隠者の住居　中耳炎　　謙虚　　ブドウ

c）単子音（consonante semplice）は、同一の単語の中で次に続く母音と結合して1音節をつくる。

　　　例：pe na、　po e si a、　pa u ra
　　　　　苦しみ　　詩　　　　恐れ

d）**br**、**st**、**cr** のような子音の連続（gruppo consonatico）は音節の頭にこなければならず、次に続く母音と結合して1音節をつくる。

　　　例：me sti zia、　pi gro、　e stro、　co stri zio ne
　　　　　悲しみ　　　怠惰の　　霊感　　　強制

e）同じ子音が二度重なる重子音（doppia consonante）は、次のようにして音節を作る。すなわち最初の子音はそれに先立つ母音と結合し、2番目の子音はそれに続く母音と結合してそれぞれ1音節を作る。

　　　例：oc ca sio ne、　ac qua、　mam ma、　paz zi a、　Su san na
　　　　　機会　　　　　水　　　　母　　　　狂気　　　　スザンナ

f）**l**、**r**、**m**、**n** という子音も、次に子音がくれば、それに先立つ母音と結合して1音節を作る。

　　　例：cor so、　am pio、　an co ra、　cul mi ne、　sal tim ban co
　　　　　大通り　　広い　　　また　　　頂点　　　　曲芸師

5．連続する母音（Il gruppo vocalico）

母音は硬性母音（vocale aspra）**a** - **e** - **o** と軟性母音（vocale dolce）**i** - **u** の2つに分けられる。

Ⓐ　二重母音（Il dittongo）

次の例を見てみよう。

pie-de（足），fiu-me（川），uo-mo（人），uo-vo（卵），fio-re（花）、
poi-ché（…なので），pau-sa（休止），cuo-co（コック），piu-ma（羽根）

　これらの語を音節に分けてみると、いくつかの母音のグループがあることに気付く。軟性母音と硬性母音のグループ、あるいは両方とも軟性母音のグループである。しかし軟性母音どうしの場合には、そのうちのひとつが半母音の働きをするために、これは一息の発声（emissione di voce）で発音されなければならない。このような切り離すことのできない（inscindibile）母音のグループを二重母音（dittongo）というのである。
　二重母音には上昇二重母音（dittongo ascendente）と下降二重母音（dittongo discendente）がある。

　上昇二重母音とは有声性（sonorità）の弱い半母音の後に有声性のより強い母音がくるもので、次のような場合が挙げられる。
- ia: fia-to（息），pian-ta（植物），pia-no（ピアノ），no-ia（退屈）
- ie: pie-de（足），fie-ro（残忍な），fi-schiet-to（ホイッスル）
- io: chio-do（釘），fio-re（花），pio-ve（雨が降る）
- iu: chiu-de-re（閉める），più（もっと），fiu-me（川），piu-ma（羽）
- ua: qua（ここ），gua-io（災難），lin-gua（言葉）
- ue: guer-ra（戦争），e-lo-quen-za（雄弁），quel-lo（あれ），que-sto（これ）
- ui: gui-da（ガイド），pin-gui-no（ペンギン），in-gui-ne（鼠蹊部）
- uo: buo-no（良い），cuo-re（心），stuo-ia（マット），quo-ta（分け前）

　下降二重母音とは、母音に半母音が続くものである。すなわち母音によって与えられた強い有声性から、半母音によって示された弱い有声性へと移るもので、次のような場合が挙げられる。
- ai: zai-no（リュックサック），mai（決して），
- au: rau-co（声がしわがれた），fau-ci（口腔），pau-sa（休憩），au-gu-ri（おめでとう）
- ei: sa-rei（essereの条件法），vor-rei（volereの条件法），nei（〜の中に）
- eu: feu-do（領地），Eu-ro-pa（ヨーロッパ），eu-fe-mi-smo（湾曲語法）
- oi: poi-ché（なので），voi（あなたたち），

　一般に文法では、二重母音とは二つの母音が結合したものであり、それは1音節を作ると定義（definizione）されている。しかしこれは思い違いのもととなる誤まった定義である。なぜならば、二つの母音は必ずしも二重母音になるという

わけで決してないからであって、もし二つの母音が両方とも母音としての働きを残すなら単一音節にはならないのである。二重母音とは一つの母音と一つの半母音の結合であり、母音が先にくれば下降二重母音、後にくれば上昇二重母音になるということなのである。

　見かけの（apparente）二重母音にも注意しなければならない。書法から判断すれば二重母音に見えても、次の場合の **i** は単なる正字法上の記号（segno ortografico）で、二重字音（digramma）、三重字音（trigramma）に属するものなのである。
　たとえば、
　　ba cio（キス）　　 mo gio（落胆した）　　sve glia（目覚まし時計）　　　　5
　　la scio（残す）　　 mo glie（妻）　　　　ma glia（セーター）
　語尾の -**ia**、-**io**、-**ie** は二重母音でも母音分離（iato）でもなく、**i** はただの正字法的な記号なのである。
　このように、次の母音の連続も二重母音とは考えられない。
　　cia　　cie　　cio　　ciu　　　gia　　gie　　gio　　giu　　　5
　　glia　 glie　 glio　 gliu　　　scia　 scie　 scio　 sciu
　これらの場合の **i** は、ひと塊の文字となって硬口蓋音（suono palatale）であるということを示すための働きをしているだけである。

　詩の場合、とくに韻を踏む場合には、**i** は音節として数えられることも数えられないこともある。
　例えばダンテは scienza を3音節と数えているのに、その他のところでは specie を lece と押韻させ、specie を2音節と数えている。しかし主に詩では、とくにアクセントのない母音が二つ続いた場合には、それがあたかも二重母音を形成しているかのように発音されることもある。例えば、Beatrice という単語を見てみよう。明らかなことは、**e** は母音であるから、Beatrice という単語は4音節（quadrisillabo）＝Be-a-tri-ce であるはずだということである。それにもかかわらずダンテは、自分の愛する女性の名を70回ぐらい出しておきながら、そのうちのたった20回しか4音節とは考えないで、あとは3音節＝Bi(e)a-tri-ce と読ませている。
　また、実際の言語では、意味的な区切りのない隣り合った二つの単語の間では二重母音が起こるということも考えなければならない。一つの単語の最後の母音と次に続く単語の最初の母音は、相次いでいるために、どちらかが **i** か **u** である

ときには二重母音となる。この現象は詩では非常に重要で、母音を分けて数えるか二重母音として数えるかによって詩行の音節の数が違ってくる。 たとえば "manca invece in alcuni" というフレーズがあったとすれば、それぞれの要素を、一つは母音として一つは半母音としてはっきりと発音したとしても、このフレーズは7音節として読む。詩行の終りでさえ、もし次の行と意味上の区切りがなければ、詩行の最後の単語の終りの母音と、次の詩行の最初の単語の始まりの母音とは二重母音の形をとってもかまわない。

> ...　　　　　　　E come il vento　　　　　　　　　　　　　　　6
> odo stormir fra queste piante, io quel**lo**
> in**fi**nito silenzio a questa voce,
> vo comparando: e mi sovvien l'eterno,
> e le morte stagioni, e la presente
> e viva, il suon di lei. Così, tra que**sta**
> **im**mensità, s'annega il pensier mio;
> e il naufragar m'è dolce in questo mare.
> (*Giacomo Leopardi, L'infinito*)

上の詩の太字の部分は最後の母音を省略せずに "quelloinfinito" と "questaimmensità" と読まなければいけない。しかし意味上の区切りがあれば、二重母音にするのは正しくない (**non è lecito**)。

ここに引用したレオパルディの詩だが、この詩節の前には次のような2行の詩行がついている

> io, nel pensier mi fingo; ove per poco,　　　　　　　　　　　　　6
> 　il cor non si spaura. E come il vento...

ここには詩人が意図したコンマが区切りとしてつけられている。こういうときには二重母音ではなく "per poco - il cor non" と離して読まなければいけない。

分音 (dieresi) と呼ばれる韻律的技巧 (artificio metrico) を用いて二重母音を分音することができるとか、合音 (sineresi) と呼ばれる技法を用いて二つの母音の要素を二重母音として合音 (普通の発音では母音分離 iato ではあっても) することができるということは別にしても、イタリア語を正しく発音しようとする人は二重母音であるか母音分離であるかを常に頭に置いておかなければならない。

Ⓑ **母音分離（Lo iato）**

次の例を見てみよう。
1) mi o（私の）、zi a（伯母）、ba u le（トランク）、paz zi a（狂気）、　⑦
   pa u ra（恐れ）
2) in tu i re（洞察する）、i stru i to（教育を受けた）、ru i na（破壊）
3) ri or di na re（再び整備する）、ri u sci re（できる）、bi en nio（2年）
4) re a le（実際の）、be a to（幸多き）、po e ta（詩人）、o a si（オアシス）

これらの単語では連続した母音は二重の発声（duplice emissione）によって発音される。だから二重母音ではなく母音分離（iato／separazione）である。

母音の連続が二つの硬性母音（例4）からなっているとき、または軟性母音に第一アクセントがあるとき（例1、2）、あるいは隣接する母音がもともと分節された単語であるとき（例3）は、二重母音ではなく母音分離する。

実際には最も重要な母音の連続は、
- te-a-tro（劇場）、le-o-ne（ライオン）、pa-u-ra（恐れ）、bo-a-to（轟音）のように **a** - **e** - **u** である。
- sin-fo-ni-a（交響曲）、zi-o（伯父）、su-o（彼の）、tu-a（あなたの）のようにアクセントつきの **i** と **u** ＋母音のときにも母音分離である。
- ri-u-ni-re（集める）、bi-en-na-le（二年に一度）、tri-an-go-lo（三角形）のように **ri**-、**bi**-、**tri** などの接頭語（prefisso）がついた単語についても母音分離する。
- spia（スパイ）から派生した spi-a-re（スパイする）のような いくつかの派生語（parola derivata）も母音分離する。

☞ 注意：アクセントが移動すれば母音分離は二重母音になる。したがって sin-fo-nì-a ではあるが、sin-fo-niét-ta となると下線のように二重母音となる。
☞ 二つあるいはそれ以上の母音が母音分離（iato）するときには、それらの母音は常にはっきりと発音されなければならない。

Ⓒ **三重母音（Il trittongo）**

次に続く例を見てみよう。
　　guai（不幸）、miei（私の）、vuoi（欲しい）、a iuo la（花壇）　⑦

これらの語では、連続する三つの母音が一息の発声（una sola emissione di voce）で発音される。このような母音の連続は三重母音（trittongo）と呼ばれ

る。すなわち半子音（semi consonante）的意味をもつ二つの軟性母音 i、u と一つの硬性母音の連続である。
- i と u ＋母音の三重母音。
a-iuo-la（花壇）、guai（不幸）、suoi（彼の）、
- i と i の間に母音を挟む。
miei（私の）、co-piai（写す）、scam-biai（交換する）

6．母音字省略（L'elisione）、語尾脱落（Il troncamento）、語頭音消失（L'aferesi）と語中音消失（La sincope）

Ⓐ 母音字省略（L'elisione）

ある単語の最後の一母音がアクセントのない母音（atono）である場合には、次に続く単語が母音で始まるなら、アクセントのないほうの母音は音としても文字としても省略されるということである。

普通の話し言葉の中では無意識に（inconsapevolmente）たくさんの母音字省略がなされている。なぜならば言葉というのは、一語一語切って発音されるわけではなく、一つの語に続けて次の語が発音されるもので、ちょうど五線譜（pentagramma musicale）の上に配置された音符がハーモニックな一連のメロディーを構成しているのと同じだからである。

しかしその中でもいくつかの母音字省略だけは、省略したことを書いて示さなければならない。そういうときは常にアポストロフィ（apostrofo）の記号をつけて記される。

例：lo italiano → l'italiano、ci è → c'è、
dello oceano → dell'oceano、della opera → dell'opera

次のものはアポストロフィを記してはいけない：
- "ora" で構成される副詞（avverbio）：finora, sinora, tuttora など。
（ただし名詞 "mezzora"（半時間）は "mezz'ora" と書くのが正しい）。
- 形容詞（aggettivo）"quale" の短縮形 は "qual" である。

論理的には多くの母音字省略が可能である。単語と単語の境界で二つの母音が出あうとき、特にそれが同じ母音であるとき、また最初の単語が意味論的観点（punto di vista semantico）からあまり重要でないときなどには母音字省略ができる。

母音省略ができるもの：
- 定冠詞（articolo determinativo）lo - la と冠詞前置詞（preposizione articolata）dello、della、nello、nella、allo、alla…

- 男性単数の不定冠詞（articolo indeterminativo）"un"。ただしアポストロフィはつかない
- 前置詞（preposizione）"di" → d'oggi
- 代名小詞（particella pronominale）mi、ti、si、vi、ci（**e**‐**i** の前）、ne、lo
- che → ch'egli

オペラから例を挙げる。

《トロヴァトーレ》の中で（Parte III, scena 4）アズチェーナが "feci" という動詞を "Che mal fec'io?" と音省略をしている。　　　　　　　　　　8

Oh,　fu‐ri‐bon　－　di !　　　che mal　fe‐c' i　－　o?

Ⓑ　語尾脱落（Il troncamento/L'apocope）

構成音の一つを切断することである。つまり母音の前であろうと子音の前であろうと、単語の最後の母音またはアクセントのない最後の1音節を切断するのである。語尾切断にはアポストロフィが必要なく、詩に非常に多く用いられ、したがってオペラでも多用される。母音 **i**, **e**, **o** は語尾切断できる。

- 単語の最後の音節が **l**‐**m**‐**n**‐**r** の子音で始まるときには、これらの子音は発音できるので次の母音が省略できる。
  例：amabil(e) volto、fatal(e) viaggio、andrem(o) insieme、buon(o) pastore、furon(o) vinti
- grande, frate, santo の語は、とくに子音の前では切断される。
  例：fra Cristoforo、San Nicola、
- 人名の前に職業（professione）や社会的位置（posizione sociale）を示す語がくれば、その語は切断される。
  例：il signor Rossi, l'ingegner Bianchi, suor Anna
- いくつかの動詞句（locuzione verbale）でも切断が起こる。
  例：son tornato、aver sete、aver sonno、voler bene、saper parlare
- 慣用的に使用される表現でもこれが起こる。
  例：man mano、ben detto、ben bene、in fin dei conti、fin qui、mal di mare、mal di testa

かつて文学の分野では、男性複数のほとんどすべての冠詞前置詞に、現在では

稀にしか見られない（desueto）切断の形があった。
- da'（dai）、a'（ai）、de'（dei）、ne'（nei）、co'（coi）、su'（sui）、pe'（pei）、fra'（frai）

若干の単語では、同音の1音節と区別するために切断を示すアポストロフィをつけることがある。いくつかの例を挙げてみよう。
- po'（poco）、vo'（voglio）、fe'（fede）、be'（bene）、mo'（modo）
- 命令形（imperativo）の語尾切断：va'（vai）、da'（dai）、di'（dici）、fa'（fai）、sta'（stai）
- "Io vo'（voglio）raccontare una bella storia." の "vo" と次の
- "Io vo（vado）a casa mia." とは意味が異なる。

場合によって語尾切断は、たとえば脚韻を踏むときなどに、不快（cacofonico）と感じられる音の響きや音のぶつかり合いを避けるために、最後の音節を切断して効果的に良い響き（eufonia）を求めて行われることがある。それは母音省略（elisione）に似ており、たしかに母音省略もまた響きの良さを求めるものではあるが。しかし語尾切断の場合には、たとえ文章的文脈から切り離してそれだけを発音しても、切断された単語にはその意味を保ち、意味を伝達する力がある。こういう意味において、語尾切断は単なる母音省略とは異なるのである。

実際の例を挙げると、"signor"、"cavalier"、"castel"、"fiorir"、"cantiam" などの語は、語尾が切断されても意味はそのままに残っている。しかし "l'" とか "dell'"、"sant'"、"senz'" などは文脈から切り離すことはできない。オペラの様式は、とくに1600—1700年代のオペラの場合には、「レチタール・カンタンド "recitar cantando"」様式であったために、詩の音楽性は基本的には詩的解釈の領域にある、ということは記憶に止めておく必要がある。

いくつかの例を挙げる。
- "Don Carlos" の中でエリザベッタが "Ahimè! spariro i dì che lieto era il mio cor!"（ああ！心楽しかった日々は消えてしまった！）と言うが、ここでは "sparirono"、"core" という語が語尾切断されている。
- "Macbeth" の中ではマクベス夫人が、女性単語を語尾切断して男性単語のようにしている。è la sua "piccol mano" bruttata di sangue che neanche l'intera Araba, con tutti i balsami, potrebbe rimondare（それはアラビア中のすべての香料をもってしても清められないほどの汚らわしい血で汚れた小さな手です）
- "Così fan tutte" の "I brindis replicati"（何回も乾杯を）も興味深い語尾切断である。

Ⓒ 語頭音消失（L'aferesi）

単語の最初の母音または音節を除去することである。古語においては典型的な現象であったために文学の分野でよく見かける例である。
- "che il" の代わりに "che 'l"、"la ove" の代わりに "la 've"、
- "innanzi" の代わりに "nanzi"。

語頭音消失は、除去される音が母音である場合にはアポストロフィで示されねばならない。

いくつかの例を挙げる。
- イタリア語の定冠詞 lo、la は、ラテン語の "illum"、"illa" の語頭音消失に由来する。
- arena は "rena" に、inverno は "verno" になる。
- "bus" は、autobus の語頭音消失である。
- "strumento"（楽器）は instrumento の語頭音消失である。
- questa mattina は語頭音消失して "stamattina"（今朝）になる。

Ⓓ 語中音消失（La sincope）

音楽におけるシンコペーションとは異なる意味を持ち、語中で音節の母音が消失することである。イタリア語の "specchio"（鏡）はラテン語の口語の "speculum" に由来する。イタリア語の動詞 "fare" は、ラテン語の "facere" の語中音消失である。作詞法からすれば（punto di vista metrico）、詩語として頻繁に用いられる珍しい語中音消失の形は興味深い。例えば "tòrre"＝togliere、"còrre"＝cogliere、"opra"＝opera、"spirto"＝spirito、"ponno"＝possono、"denno"＝devono、"medesmo"＝medesimo などである。

語中音消失が生じた単語では、アクセントのある音節にかつては tôrre, côrre のように曲折アクセント（accento circonflesso）がつけられたものである。今日でもオペラ台本によってはこのアクセントをつけているものもある。

Capitolo II

詩行

Il verso

Qui la smarrita fuga dei viventi,
le storie delle genti,
e le dementi ~ pompe di chi muor,
passano ratte al par d'arche veliere
o di nubi leggiere,
a schiere a schiere ~ in fluttüante error.
Oriam per quelle di morienti ignave
anime schiave.

詩行 (Il verso)

　詩行は韻律の重要な部分である。詩行はひとまとまりの言葉からできていて、一定の長さを持ち、リズム (ritmo) を構成するいくつかのアクセントによって調子を整えられている。
　何行かの詩行の塊 (raggruppamento) が詩節 (strofa) となる。詩行は最後の文字のところで同じ締め方 (terminazione) をすることがあり、そういうときには脚韻 (rima) を踏んでいるという。脚韻を踏んでいない詩行の詩は無韻詩 (verso sciolto) と呼ばれる。

1．一行の詩行における音節の数え方 (Il computo delle sillabe)
　一行の詩行の音節数をトータルしたものは、必ずしも詩行を構成している単語の音節数を数学的 (matematicamente) に合計したものと一致するわけではない。このことは強調しておきたい。三行詩節 (trisillabo) はたしかに3音節ではあるが、ときには2音節であったり、4音節であったり、5音節であったりすることがある。四音節詩行 (quadrisillabo) はたしかに4音節ではあるが、やはり3音節、5音節、6音節のこともある。また五音節詩行 (quinario) は5音節ではあるが、ときには4音節、6音節、7音節のこともある、といった具合である。しかも音節は機械的 (automatico) に数えるわけではない。
　事実、二つまたはそれ以上の母音が連続しているとき、その中に **i** と **u** が含まれていて、しかもこの二つが位置関係によって半母音 (semivocale)（または半子音 (semiconsonante)）になるときには、詩行はいわゆる (cosidetta) 韻律の形態 (figura metrica) を優先して、これらの変化 (oscillazione) の可能性を最大限に利用する。母音が同じ単語の中で隣接 (contiguo) していたり、二つの単語の間で隣接していたりするときには、韻律の形態は四種類に区分される。
　第一は「語内分音 (dieresi)」と「語内合音 (sineresi)」、
　第二は「語間分音 (dialefe)」と「語間合音 (sinalefe)」、
の四種類である。

Ⓐ　語内分音 (La dieresi)
　語内分音とは、二重母音 (dittongo) を二つの母音に分けて、韻律的には2音節として発音することである。最初の音素の上に分音記号 (dieresi grafica) として二重の点 ¨ をつけて分音であることを示す。たとえば "glorioso" は文法的

には三つの音節に分けて発音される（**scandito**）はずであるが、語内分音では"glo-rĭ-o-so"というように韻律的には4音節と数えるのである。

 Ru/gia/do/se,/ o/do/ro/se   9

 Vĭ/o/let/te/ gra/zĭ/o/se

 (*Alessandro Scarlatti: Le violette*)

オペラ"Gioconda"の第3幕の最初のところで、Alviso Badoero が次の詩節を母音分音して歌う。ここは Boito が決まった記号を用いて明記しているように、**ia** という母音が初めて出てくるところである（二度目ではない）。

 "l'e/spĭ/a/zion non fia tremenda meno"   9

"Falstaff" の例

 "Scĭ/en/za d'un agile movenza di gonna!"   9

 (*Giuseppe Verdi: Falstaff, Atto I, Parte 2*)

Ⓑ **語内合音（La sineresi）**

 語内合音とは、文法的には母音が分離して（iato）、二つの硬性母音（**a, e, o**）が二つの音節を構成しているのに、それを一つの母音とみなして、はっきりと1音節（**monosillabico**）に発音されることである。たとえば"aere"（大気）は文法的には **a**-**e**-re と3音節に区切って発音されなければならないが、韻律的には **ae** - re と2音節に数えることができる。ただイタリア語の詩ではこの形は非常に稀である。

"morte bella pa/rea/ nel /suo/ bel viso" [10]

(*Francesco Petrarca, Canzoniere, Trionfo della morte, v.172*)

上記の例の中では語内合音を二度使用している。

"ed erra l'ar/mo/nia/ per questa valle." [10]

(*Giacomo Leopardi, Il passero solitario*)

☞ なぜ母音合音が一部に含まれる現象が生じるのかというと、それは次のような規則があるためである。つまり、一行の詩行の中では、"via, mia, tua, tuo, suo, poi, voi, lui, lei" のように、アクセントのある母音とない母音が、単語の最後に連結（**nessi**）される語は、詩行の最後に出てくれば２音節として数えるが、詩行の中に出てくれば１音節として数えるという規則である。たとえば "via" という単語は文法的には普通は２音節である。詩行の最後に出てくればそのまま２音節と数えてはっきりと発音される（**scansione sillabica**）。しかし詩行の中に出てくると母音合音の現象が起きて１音節となる。反対に、１音節の "poi" という単語は、詩行の中に出てくれば普通に１音節として発音されるが、詩行の最後に出でくるなら語内分音（**dieresi**）して２音節 po-i となる。

Ⓒ **語間分音（La dialefe）**

ある単語がアクセント付の音節で終り、次の単語が母音で始まるという場合には、その二つの母音は融合（**fondere**）できないという規則がある。語間分音は、"ma"、"che"、"se"、"o" のような１音節の単語の後にも起こり得る。

In/co/min/ciò ˇ a / far/si / più / vi/va/ce [10]

(*Dante Alighieri, Paradiso, C. XXVII. v.12*)

音楽における語間分音の例

Ca/sta / di/va / che^i/nar/gen/ti [10]

(*Vincenzo Bellini, Norma, Preghiera, Atto I-Scena 4*)

このフェリーチェ・ロマーニの本来の詩節は、次項に述べる語間合音 (sinalefe) によってここは八音節詩行となっている。しかしベッリーニの音楽は、それを無視し、二つの母音 "che ∨ in" のそれぞれに一音符を割りあてて語間分音、すなわちイヤート（母音の分離 iato）を求めている。

Ⓓ　語間合音 (La sinalefe)

　これは、ある単語の最後の母音と次に続く単語の最初の母音（"h"も含めて）が1音節にして融合 (fusione) する韻律形態のことである。融合が必要な場合には "^" の記号を付けて示される。この現象は、イタリア語の韻律では必ず (costante) 生じることで、事実上例外的にしかそれを免れること (deviazione) はない。

　テキストを音読する場合、語間合音をしたために、その二つの母音が弱くなったり (attenuazione)、なくなったり (eliminazione) するようなことはない。母音を省略 (elisione) するのではなく、二つの母音が1音節として一定の時間内で発音されるということである。しかも、二単語間が母音合音しているパッセージに出あった場合、そこを機械的に加速 (accelerazione meccanica) して読むのではなく、表現豊かに (espressivamente)、むしろゆったりと読まなければならない。そうすることで歌詞の意味を忠実に表現できるのである。

"Se / Flo/rin/do^è / fe/de/le,/ io / m'in/na/mo/re/rò"　　11

(*Alessandro Scarlatti: aria di Alidoro da "La donna è fedele", versi: Filippo Contini*)

　《ノルマ》の中でポッリオーネが歌うカヴァティーナの開始部では、この詩行が音楽によって語間合音されているのがわかる。

"Me/co^al/l'al/tar / di / Ve/ne/re"　　11

　このように "**o**" と "**a**" という母音が、同じ音節として結びつき (accomunare)、同じ一つの音となって発音されるのである。

しかしときには作曲家が、もとの詩の語間合音を無視して（trascurare）、二つの音節に違った音を割り当てる（assegnare）場合もある。

"Un / dì / fe/li/ce,^e/te/re/a" [12]
(*Giuseppe Verdi: La traviata, Atto I-Scena3*)

ここではヴェルディは、語間合音をするはずの二つの母音に二つの異なる音を当てはめ、休止符を入れて二つを分離している。

"Al/ma^in/fi/da,^in/gra/to / co/re" [12]
(*Gaetano Donizetti: Roberto Devereux, Atto II-Scena 5*)

ドニゼッティも同じことをしている。別々の音を割り当てて **"a"** と **"i"** を分離し、間に休止をおいている。

☞ 語間合音も語間分音も、普通は詩のテキストの中に記号で記されることはない。これらは非常にしばしば出てくるので、読者が自然に素早くそれを感知できるために、その必要はないのである。

2．修辞法（La figura retorica）

ここで韻律にとって最も重要である修辞法（figura retorica）についてお話しなければならない。

ごく一般的なことだけを非常に簡潔な図式で提示してみよう。

修辞法（Le figure retoriche）		
伝達する意味を豊かにするための 文学的・詩的文体の作り方、および形式的工夫である。		
リズム・音声形態によるもの (figure ritmico-sonore) 反復や音楽性などといった音声構造レベルに関わる方法	思考形態によるもの (figure di pensiero) 言葉の意味に関して思考を丹念に練り上げる方法	話術形態によるもの (figure di elocuzione) 詩文内部での言葉の配置の仕方に関する方法
– 頭韻法（allitterazione） – 母音韻（assonanza） – 子音韻（consonanza） – 擬音語（onomatopea）	– 折り句（acrostico） – 寓意法（allegoria） – 対照法（antitesi） – 婉曲語法（eufemismo） – 誇張法（iperbole） – 隠喩（metafora） – 擬人法（personificazione） – 直喩法（similitudine） – 提喩法（sineddoche）	– 語頭反復法（anafora） – 転置法（anastrofe） – 類音重語法（annominazione） – 交差対句法（chiasmo） – 漸層法（climax） – 矛盾語法（ossimoro） – 連辞畳用法（polisindeto） – 反復法（ripetizione）

詩行

Ⓐ **リズム・音声形態によるもの（La figura ritmico-sonora）**

音が結びつくことによって際立った音楽性（musicalità）が表出される。しかしそれだけではなく、音の結びつきは言葉が含みもつ意味内容をも豊かに表出する。

– 頭韻法（allitterazione）

二つあるいはそれ以上の語の、最初の部分または語中の部分の同じ音（母音、子音、音節）を繰り返すことである。こうしてできた響きが、ほぼ次のようにさまざまな感情を呼び起こす。
- 乾いた響きの子音（**g, c, r, s**）は厳格で冷たい感覚を、数々の叙事詩の中で "**r**" は戦いの響きを喚起する。
- 甘い響きの子音（**v, l**）は柔らかく快い感覚、"**l**" の繰り返しは甘く包み込む効果や催眠の効果をもたらす。
- 母音 **a** は広く闊達な感じ、
- 母音 **u** は憂鬱な感じ、
- 母音 **i** は明るい感じを、それぞれに呼び起こす。

"Ma ben veggio or sì come al popol tutto   13
favola fui gran tempo, onde sovente

Di **me** **me**desmo **me**co **mi** vergogno"

(*Francesco Petrarca, Canzoniere, I, vv 9-11*)

"e **c**addi **c**ome **c**orpo morto **c**ade." &boxed;14&boxed;

(*Dante Alighieri, Inferno, C. V, v142*)

次の詩句でダンテはさまざまな頭韻法を用いて鼻音（**n, gn, m**）と歯音（**t, d**）とが対になるようにしている。『新生』の詩句"Tanto gentile e tanto onesta pare"で、ダンテはいろいろな頭韻法を使っている。**n, gn** e **m** の鼻音と **t, d** の歯音を組み合わせることによって朗読が和らげられる：

"**T**an**t**o gen**t**ile e **t**an**t**o ones**t**a pare   14

la do**nn**a mia qua**nd** 'ella al**t**rui salu**t**a,

ch'ogne lingua deve**n t**remando mu**t**a,

e li occhi no l'**ar**discon di gu**ar**dare.

Quinto エンニウスの年代記（Annales 104）の中にある頭韻法が特に有名である：

"O **T**i**t**e **t**u**t**e **T**a**t**i **t**ibi **t**an**t**a **t**yranne **t**ulisti"   14

イタリア語でも頭韻法に聞こえる：*O Tito Tazio, tiranno, tu stesso ti attirasti atrocità tanto tremende!*   14

ここに一例としてボーイトの《オテッロ》からの頭韻法をあげてみよう、ここでは流音（liquida）の **L** が繰り返し用いられて、カッシオが夢の中でデズデーモナに与えた接吻の物憂げな感覚が作り出されている。

Era la notte, Cassio dormia, gli stavo accanto.   14

Con interrotte voci tradia l'intimo incanto.

Le labbra lente, lente, movea, nell'abbandono

del sogno ardente; e allor dicea, con flebil suono:

Desdemona soave! Il nostro amor s'asconda.

Cauti vegliamo! L'estasi del ciel tutto m'innonda.

Seguia più vago l'incubo blando; con molle angoscia

l'interna imago quasi baciando, ei disse poscia:

Il rio destino impreco che al Moro ti donò.

E allora il sogno in cieco letargo si mutò.

(*Giuseppe Verdi, Otello, Atto II-Scena 5, libretto di Arrigo Boito*)

- **母音韻（assonanza）**

　これは不完全脚韻（rima imperfetta）といい、詩行の最後が、子音が異なるが母音が同じ韻を踏む脚韻の踏みかたである。

　　　"Carnevale vecchio e pa**zz**o　　　　　　　　　　　　　15

　　　s'è venduto il mater**ass**o"

　　　（Gabriele D'Annunzio, Carnevale, vv. 11-2）

- **子音韻（consonanza）**

　これも不完全脚韻といわれ、詩行の最後が、母音が異なるが子音が同じ韻を踏む脚韻の踏みかたである。

　　　"Qual è quel cane ch'abbaiando ag**ogn**a,　　　　　　　15

　　　e si racqueta poi che 'l pasto morde,

　　　ché solo a divorarlo intende e p**ugn**a,"

　　　（Dante Alighieri, Inferno, c. VI, vv.28-30）

- **擬音語（onomatopea）**

　自然の音を真似た言葉の響きである。

　　　"clof, clop, cloch,　　　　　　　　　　　　　　　　　15

　　　cioffete,

　　　cloppete,

　　　clocchete

　　　chchch..."

　　　（Aldo Palazzeschi, La fontana malata, 6-10）

Ⓑ　**思考形態によるもの（La figura di pensiero）**

　思考形態は言葉に多様な力を与えて意味を豊かにし、さまざまな感情をもたせて思いがけないイメージをひきだすものである。

- **折り句（acrostico）**

　普通はソネットにみられる作詞法の一つであるが、各詩行または各詩節の最初の文字を取り出して綴ってみると、完全な意味（senso compiuto）をもつ一つの単語になるというものである。もともとは、記憶術を助ける働きをするものであった。

　リソルジメントの愛国者たちが用いた有名な折り句の一つに "Viva Verdi" がある。Viva Verdi とは実は

詩行

Viva **V**ittorio
    E manuele
    R e
    D i
    I talia　　　なのである。

ここに筆者の作った判じ物の折句を披露しよう。対韻（rima baciata）の11音節詩行である。

"Una voce lirica"　　　　　　　　　　　　　　　16
Bene eseguita fu la cavatina
Onore ha ricevuto stamattina
Ha infatti cantato con gran calore
E le è venuto pure un gran malore
Merita adesso un placido riposo
Elogi, lodi e un bacio affettüoso.

(Ermanno Arienti)

– 寓意（allegoria）

寓意とは、ある表現や文章、また物語全体に、それのもつ字義的な意味だけではなく、概してより深い隠れた別の意味を持たせるという表現の仕方である。寓意は、詩人自身が用いた文学的約束事、あるいは記号に則して解明する以外に方法はない。

"Passa la nave mia colma d'oblio　　→詩人の運命（destino del poeta）16
per aspro mare, a mezzanotte il verno,　→老い（la vecchiaia）
enfra Scilla et Cariddi; et al governo
siede 'l signore, anzi 'l nimico mio."　　→ 愛（l'amore）

(Francesco Petrarca, Canzoniere, CLXXXIX, vv1-4)

ダンテでは "la selva oscura" といった場合、理屈の上ではたとえただの自然の暗い森を意味しているのかもしれないとしても、これは「罪業」の寓意なのである。

– 対照法（antitesi）

言葉や文章をうまく配列して、二つの相対立する概念（concetto）を並べる（accostare）方法である。リストが音楽をつけたペトラルカのソネットの一つに有名な対照法がある

"Pace non trovo e non ho da far guerra; 17
e temo, e spero; et ardo, e son di ghiaccio;
e volo sopra 'l cielo e giaccio in terra:
e nulla stringo, e tutto 'l mondo abbraccio"

(Francesco Petrarca, Canzoniere, CXXXIV, vv 1-4)

- **婉曲語法（eufemismo）**

残酷すぎたり現実味を帯びすぎて不釣り合いな表現を和らげる（attenuare）表現方法である。

"i' so' colei che ti die' tanta guerra, 17
et compie' mia giornata inanzi sera"

→ 時期尚早に死んだ（morii prematuramente）

(Francesco Petrarca, Canzoniere, CCCII, vv. 7-8)

- **誇張法（iperbole）**

誇張（esagerazione）した過度な表現を用いて、人や動物、思想や物の性質を常態を超えて誇大に、または過小に表現する方法である。音楽では、一つまたはそれ以上の声を、その音域を超えて広げることを意味する。

"Erano i capei d'oro a l'aura sparsi 17
che 'n mille dolci nodi gli avvolgea,
e 'l vago lume oltra misura ardea
di quei begli occhi ch'or ne son sì scarsi;"

(Francesco Petrarca, Canzoniere, XC, 1-4)

- **隠喩（metafora）**

隠喩とは、「…のようだ」といった比喩の言葉を使わずに、「…は…だ」と類似の事柄を直接述べることである。詩の中では物事や人や状況について、その特色を記憶に呼び起こすさまざまなイメージを使って語られることがしばしばある。これが隠喩法である。

- i soli, i lumi, le stelle, le luci：これは愛する人の瞳を表すためにしばしば用いられる隠喩である。
- i fiumi、i serpentelli：髪の毛の隠喩。
- il foco、la fiamma：愛情の隠喩。
- mio cor、mia vita：愛する人の隠喩。

– velo：この世に生きている間、魂を包んでいる肉体の隠喩。
　隠喩は日常生活の中でも一般的に用いられる。たとえば「君の車は稲妻だ」（稲妻のように非常に速い）とか「君はライオンだ」（ライオンのように強い）とかといった表現法である。

- **擬人法（personificazione）**

　物事や思想や感情に人間の外観を与えたり、それらに向かって問いかけたり、またそれらにあたかも人間であるかのように言葉を語らせたりする表現法である。
例をあげよう。

> "È giù.
> nel cortile,
> la povera
> fontana
> malata;
> che spasimo!
> sentirla
> tossire.
> Tossisce,
> tossisce
> un poco
> si tace...
> di nuovo
> tossisce.
> Mia povera
> fontana,
> il male
> che hai
> il cuore
> mi preme."
>
> (Aldo Palazzeschi, La fontana malata, 10-25)

- **直喩法（similitudine）**

　「…のような」とか「…のように見える」といった言葉を使って、一方は知られている、他方は知られていない二つのイメージを比較する方法。

> "Nella destra scotea la spaventosa
> peliaca trave; <u>come</u> viva fiamma,
> o <u>come</u> disco di nascente Sole
> balenava il suo scudo..."
>
> (Omero, Iliade, Libro XXII, 171-174; traduzione di Monti)

- **提喩法（sineddoche）**

　量的関係において意味を転義することからなる表現。
　　a. 全体に対する部分の関係：**"Vedo una vela"** 船の代わりに帆 vela を用い

る。
- b. 部分に対する全体の関係："Oggi ho letto la "Divina commedia"『神曲』の一部を読んだという意味になる。
- c. 類に対する種の関係："mortali" 死者は人間の種類である。
- d. 種に対する類の関係："Il pane non manca" パンは食糧の一種である。
- e. 複数に対する単数の関係："L'inglese è calmo" 単数で表現しながらイギリス人全般を指している。
- f. 単数に対する複数の関係："È arrivato con la servitù" 召使一人を使用人の総称で表現している。

例えば "...E quando ti corteggian liete 　　　　　　　　　19

le nubi estive e i **zeffiri** sereni."

(Ugo Foscolo, Alla sera, 3-4)

ここでは風に総称として zeffiri を使っている。部分に対する全体の関係である。

ⓒ 話術による形態 (La figura di elocuzione)

詩人は付加的な内容を作り出すためには、文章構造的順序 (ordine sintattico) に違反してもさまざまなレベルの意味を浮かび上がらせようとする。

– 語頭反復 (anafora)

一つまたはそれ以上の言葉を、二つまたはそれ以上の文章や詩節の冒頭で次々に繰り返す方法である。

"<u>Per me si va</u> nella città dolente 　　　　　　　　　19

<u>Per me si va</u> ne l'etterno dolore

<u>Per me si va</u> tra la perduta gente!""

(Dante Alighieri, Inferno, Canto III, vv. 1-3)

"S'i' **fosse** foco, arderei 'l mondo 　　　　　　　　　19

s'i' **fosse** vento, lo tempestarei;

s'i' **fosse** acqua, i' l'annegherei;

s'i' **fosse** Dio, mandereil' en profondo;"

(Cecco Angiolieri, S'i' fosse foco, vv. 1-4)

- **転置法（anastrofe）**

　意味論的な強いつながりを壊して、言葉を逆につなげて表現する方法。たとえば **facendo un cammino** を **cammin facendo** としたり、**quiete fatale** を **fatal quiete** としたりする。

> "Odono i monti e le valli e le selve　　　　　　　　　　　　[20]
> e i fonti e i fiumi e le isole del mare"
>
> (Gabriele D'Annunzio, L'oleandro, vv. 374-375)

- **類音重語法（annominazione）**

　同じ詩節の中で、語源的（base etimologica）に同じ源をもつ言葉を一回、あるいは二回、三回と繰り返して使う方法である。

> "Amor, che a nullo amato amar perdona"　　　　　　　　　　[20]
>
> (Dante Alighieri, Inferno, c. V, v. 103)

> "**Morte** m'ha **morto**, e sola pò far **Morte**　　　　　　　　　　[20]
> ch'i' torni a riveder quel viso lieto."
>
> (Francesco Petrarca, Canzoniere, CCCXXXII, vv. 43-44)

- **交差対句法（chiasmo）**

　ギリシャ文字の χ（chi）の形のように、二つの単語、あるいは二つのフレーズを斜向かいに並べる方法である。

> "Quell'uno e due e tre che **sempre vive**　　　　　　　　　　[20]
> e **regna sempre** in tre e 'n due e 'n uno,"
>
> (Dante Alighieri, Paradiso, C. XIV, vv 28-29)

> "Bei cipressetti, cipressetti miei,　　　　　　　　　　　　　[20]
> fedeli amici d'un tempo migliore,
> **oh di che cuor** con voi mi resterei -
> guardando io rispondeva - **oh di che cuore!**..."
>
> (Giosuè Carducci, Davanti San Guido, vv 17.20)

- **漸層法（la climax）**

　言い回しが強まったり弱まったりしながら次々と続いて次第に強度が高まっていく方法である。弱まる場合は漸減法（anticlimax）という。

"O mia stella, o Fortuna, o Fato, o Morte,　　　　21
e per me sempre dolce giorno e crudo,"
(*Francesco Petrarca, Canzoniere, CCXCVIII, vv.12-13*)

イタリア語の climax という単語は、韻律学では女性形 **la climax** である。しかし修辞的にではなく、ただ効果を漸時高めてクライマックスに達することを意味する場合には通常男性形 **il climax** にある。たとえば2幕のオペラ《セヴィリアの理髪師 "Il barbiere di Siviglia"》では第1幕のフィナーレで全員が劇的な **il climax drammatico**（男性形での漸進法）によって語り合い、コンチェルタートで第1幕が閉じる。これは緊張がクライマックスに達し、次いで弛緩するという意味の **il climax**（男性形での漸進法）である。

– 矛盾語法（ossimoro）

対立する二つの言葉を並べる方法である。

"tal che mi fece or quand'egli arde 'l cielo,　　　　21
tutto tremar d'un amoroso gielo."
(*Francesco Petrarca, Canzoniere LII, vv. 7-8*)

"Povera donna, sola　　　　21
abbandonata in questo
popoloso deserto
che appellano Parigi"
(*Giuseppe Verdi, La traviata, Atto I, Scena 5, cavatina di Violetta*)

– 連辞畳用法（polisindeto）

接続詞を多用して繰り返し、さまざまな文やその構成要素をつないでいく方法である。

"è l'aura mia vital da me partita;　　　　21
e viva **e** bella **e** nuda al ciel salita,"
(*Francesco Petrarca, Canzoniere, CCLXXVIII, vv. 4-5*)

"Benedetto sia 'l giorno, **e** 'l mese, **e** l'anno,　　　　21
e la stagione, **e** 'l tempo, **e** l'ora, **e** 'l punto,
e 'l bel paese, **e** 'l loco ov'io fui giunto
da' duo begli occhi, che legato m'hanno;"
(*Francesco Petrarca, Canzoniere, LXI, vv. 1-4*)

- 反復法（ripetizione）

一つまたはそれ以上の言葉を、ほかの言葉を間に入れずに重複して反復する方法である。

"Coll'altre schiere travagliate e 'nferme,   22
gridan: - O Signor nostro, aita, aita!"

(*Francesco Petrarca, Canzoniere, LIII, vv. 61-62*)

3．アクセントの付けかた（L'accentazione）

詩行の音節を数えるにあたっては、詩行の最後の単語のアクセントの付けかた（l'accentazione）もまた重要である。

普通は単語と詩行のアクセントは歌と音楽によって確認（confermato）することができる。たとえばモーツァルトの《フィガロの結婚》のアリア **"Non più andrai, farfallone amoroso"** では十音節詩行の三つのアクセント（"drai"、"lo"、"ro"）は、それに先立つそれぞれの音よりも長い音価の音を音楽によって与えられている。

Non più andrai, far-fal-lo-ne a-mo-ro-so, notte e gior-no d'in-tor-no gi-rando,

しかし、非常に特徴的（caratteristico）な音楽のリズムによって例外が起こることも少なからずある。

例えばヴェルディの《シモン・ボッカネグラ》から例を挙げると、第1幕第7場でソプラノが自分の愛を告白するときに、書かれているとおりに **"amo"** と歌わずに **"amò uno spirto angelico"** と歌う。まるで動詞の時制を現在（presente）から遠過去（passato remoto）に、したがって主語を一人称（prima persona）から三人称（terza persona）に変えているかのようである。これは音楽がソプラノにそう歌わせているからである

A - mo u-no spir-to an-ge-li-co che ar-den-te mi... ri - a-ma...

もう一つヴェルディの《トラヴィアータ》の第1幕第2場の例を挙げよう。ガ

ッロッタによれば、ここではヴェルディは、明らかに楽節（periodo musicale）内部のシンメトリーに重きを置き、詩句をきちんと二つのフレーズに分けている……アルフレードの答えは韻律的にはアクセントのある音節でありながら弱拍から始まり、音楽的音価（valore musicale）は次に続く強拍よりも短い。ここでは旋律と詩に明らかなリズムの転換がみられ（"quando"ではなく"quandò"）、たとえ控えめに歌われたとしても次の音節へのアクセント移行が生じている。

(Gallotta: Manuale di poesia e musica, pagg.129-130)

　詩行を見極めるための手助けとなるアクセントと、発話（enunciato）に際してその音を際立たせるためのアクセントは必ずしも完全に一致（coincidenza）しない。そのために、通常は韻律的にはアクセントのない音節に音楽的なアクセントが落ちることがある。（例としては**Leporello**の **"Notte e giorno faticar, per chi nulla sa gradir"** があげられるだろう）。そのために韻律学者（metricologo）は、韻律的アクセントにはアクセントという言葉は使わずに、強音（ictus）という言葉を好んで使う。われわれは便宜上アクセントと呼んでおくことにしよう。

　それではイタリア語におけるアクセント、つまり言葉のアクセント（accento di parola）とはどういうものなのか見てみよう。

言葉のアクセント（accento di parola）

　どんな言葉もアクセントのある音節（強い）とない音節（弱い）の交代（alternanza）によって出すリズムから成り立っている。そして言葉のアクセントとは、他の音節に比べて優位（preminenza）に立つ音節に関係している。

　イタリア語は、「強弱のアクセント」（accento dinamico）あるいは「強さのアクセント」（accento di intensità）と呼ばれるアクセントを持つ言語に属している。これはまた「呼気のアクセント」（accento espiratorio）ともいわれ、そのようなアクセントの落ちる母音は、同じ単語の中の他の母音よりも長く強く発音される。他に「色彩的アクセント」（accento cromatico）、あるいは「音楽的アクセント」（accento musicale）、または「高低的アクセント」（accento di altezza）と呼ばれるアクセントを持つ言語もある。しかしそこでは、アクセントのある音節はアクセントのない音節よりも高くなるが、強く長くはならない。

　主要なアクセントが固定していて、常に一定した（determinato）音節の上に落ちる言葉もある。事実、現代フランス語では主要なアクセントはほとんど最後の音節に落ちるし、ハンガリー語ではほとんど常に、特に詩節の始まりのところ

詩行

では第一音節に落ちる。その他、たとえばギリシャ語やラテン語のように、アクセントの位置が最後の三つの音節に限定されていて、その中のどれかにアクセントが落ちる言語もある。これに反してイタリア語では、主要なアクセントの位置は完全に自由であり、理屈上ではアクセントは単語のどの音節上に落ちてもいいことになる。

イタリア語の単語は次のようになっている。
- トロンコ（parola tronca）：アクセントが語末の音節（ultima sillaba）に落ちるもの。
 ve ri t**à**（真実）、can t**ò**（歌った）、cit t**à**（街）、vir t**ù**（徳）
- ピアーノ（parola piana）：アクセントが語末から2番目（penultima）の音節に落ちるもの。
 ban/di**e**/ra（旗）、c**a**n/ta（歌う）、can/t**a**/re（歌う）、b**e**l/lo（美しい）
- ズドゥルッチョロ（parola sdrucciola）：アクセントが語末から3番目（terzultima）の音節に落ちるもの。
 al/be/ro（木）、c**a**n/ta/no（歌う）、l**e**g/go/no（読む）
- ビズドゥルッチョロ（parola bisdrucciola）アクセントが語末から4番目（quartultima）の音節に落ちるもの。
 s**e**/mi/na/no（種を撒く）、ve/r**i**/fi/ca/no（確認する）、te/l**e**/fo/na/no（電話する）
- トゥリズドゥルッチョロ（parola trisdrucciola）アクセントが語末から5番目（quintultima）の音節に落ちるもの。
 te/l**e**/fo/na/me/lo（それを私に電話で知らせてください）、**o**r/di/na/glie/lo（それを彼に命令してください）

注意しなければならないことは、最後の音節にアクセントが落ちても、それが"can／te／r**ei**"のように下降二重母音（dittongo discendente）であれば、トロンコではなくピアーノだということである。これはセミトロンコ（parola semitronca）と呼ばれることもある。

通常アクセント記号のつけ方の違いは意味の違い（differenza semantica）の指標となるので、アクセントを間違わないように注意しなければならない。アクセントの場所が異なる次の単語の意味の相違を調べてみよう。

àbitino abitìno   23
àltero altèro
àncora ancòra

àuguri	augùri
bàcino	bacìno
bàlia	balìa
cùpido	Cupìdo
desìderi	desidèri
ìmpari	impàri
lèggere	leggère
mòndano	mondàno
nòcciolo	nocciòlo
òccupati	occupàti
òmero	Omèro
prìncipi	princìpi
vìola	viòla
vìolino	violìno

イタリア語では大部分の単語がピアーノで、ズドゥルッチョロやトロンコはそれよりもずっと少ない。

イタリア語では、一つ単語の中でアクセントの落ちる母音をはっきりと示すために記号には以下のように二種類の記号がある。

- 閉口音（l'accento acuto）：é
- 開口音（l'accento grave）：è

a, **i**, **u** という母音の上にアクセント記号をつけなければならないときには、これは一種類の音しか持っていないから、常に開口音アクセントを置けばよい。しかし **e** と **o** という母音には開口音と閉口音があるために、閉口音のときには、**pésca**（釣り）、**vólto**（顔）、**perché**（なぜ）、**né**（…でもない）のように、左下がりの閉口音アクセントをつけ、反対に開口音のときには **pèsca**（桃）、**vòlto**（向ける volgere の過去分詞）、**è**（…です）、**cioè**（すなわち）のように右下がりの開口音アクセントをつけるのである。

次のような単語にはアクセントをつけなければならない。
- 2音節あるいはそれ以上の音節のあるトロンコの単語：città、caffè、virtù、mezzodì, perché
- 単音節で上昇二重母音で終る単語：può、più
- 次の単音節の単語：ciò、già、giù、scià

- 単音節の単語で、アクセント記号をつけなければ、同形で意味の異なる単音節の単語と混同してしまう場合。

dà	（動詞）	da	（前置詞）
dì	（名詞）	di	（前置詞）
è	（動詞）	e	（接続詞）
là	（副詞）	la	（冠詞と代名詞）
lì	（副詞）	li	（代名詞）
né	（否定接続詞）	ne	（代名小詞と副詞）
sì	（副詞）	si	（人称代名詞）
sé	（代名詞）	se	（接続詞または弱人称代名詞）

次のさまざまな単語には語尾の母音に必ずアクセント記号をつけなければならない。
- tre, re, su, blu の複合語（ventitré, viceré, lassù, rossoblù）、
- 接続詞 che の複合語（benché, giacché, allorché, poiché, perché）、
- 複合した語の第二要素が単音節になる語（autogrù, lungopò）

複合語では一番右にある言葉が第一アクセント（accento principale）、一番最初の言葉が第二アクセント（accento secondario）をとる（pel／le／ros／sa）。"prec**i**pit**e**vol**i**ssim**e**volm**è**nte"（大急ぎで）という単語には、たくさんの第二アクセントがある。これは、通常イタリア語ではアクセントのない音節が二つ続くと、次にはわずかでも声を強調する場所が必要となるからである。

イタリア語では開音節（母音で終る音節）のアクセントつき母音は、それが末尾でなければ必ず長くなる。しかし閉音節（子音で終る音節）のアクセントつき母音は常に短い。

cani	canti	sala	salta
mano	manto	cara	carta
rame	rampe	meno	mento
ore	orme	soli	solchi
vino	vinto	duro	d'urto

24

単語の終りかたによって次のようなタイプの詩行がある。
- ピアーノの詩行（verso piano）
  詩行最後の単語が末尾から第二音節にアクセントの落ちる場合である。イ

タリア語の単語にはこれが最も多いため、この詩行がイタリアの詩の韻律の基本をなす。

　この詩行は数えたとおりに音節数を持ち、もし七音節詩行なら音節数はきちんと7音節である。
－ ズドゥルッチョロの詩行（verso sdrucciolo）

　最後の単語が末尾から第三音節にアクセントの落ちる場合である。この詩行は、何々音節詩行と呼ばれる音節より1音節多く、もし七音節詩行なら音節数は8音節ある。
－ ビズドゥルッチョロの詩行（verso bisdrucciolo）

　最後の単語が末尾から第四音節にアクセントの落ちる場合である。この詩行は何々音節詩行と呼ばれる音節より2音節多く、もし七音節詩行なら音節数は9音節ある。
－ トロンコの詩行（verso tronco）

　最後の単語の末尾がトロンコで、したがって最終音節にアクセントが落ちる場合である。この詩行は何々音節詩行と呼ばれる音節より1音節不足しており、もし七音節詩行なら音節数は6音節となるだろう。

さらに詩行は偶数音節詩行（parisillabo）と奇数音節詩行（imparisillabo）がある。
－ 偶数音節詩行（parisillabo）

　音節数が偶数の詩行で、通常非常に調子が良く、イタリアの国民的伝統に典型的な詩として音楽的にも調子が取りやすい。
－ 奇数音節詩行（imparisillabo）

　音節数が奇数の詩行で、偶数詩行よりもリズムにより柔軟性があり、"高尚な"抒情詩の伝統に特徴的な詩である。

次の表は、詩行がどのようになっているかを示した表である。

1	2	3	4	5	6	7	
Pu	ra	sì	co	me^un	an	ge-lo	七音節詩行：8音節
Id	dio	mi	dié^u	na	fi	glia	七音節詩行：7音節
Se^Al	fre	do	ne	ga	rie	de-re	七音節詩行：8音節
In	se	no^al	la	fa	mi	glia	七音節詩行：7音節
Non	vo	glia^il	vo	stro	cor	－	七音節詩行：6音節

特にレチタティーヴォにおいては、詩行の終りが必ずしも語句の終りと一致してはおらず、文法的な構造としては、また構文的な構造としては次の詩行に続く場合がある。そのために詩人はアンジャンブマン（フランス語 enjambement。イタリア語の **"scavalcamento"** あるいは **"accavallamento"**）という手法で詩行と詩行をつなぐことがある。これは1500年代のイタリアの詩では **"spezzatura"** とか **"inarcatura"** と呼ばれたもので、リズム的に非常に際立った特徴を見せる手法である。波や水流が途切れなく流れるように、リズムが詩行の"境界"を越えて進行する。

> Fiordiligi: Ei parte... Senti!... Ah, no: partir si lasci,
> si tolga ai sguardi miei l'infausto oggetto
> della mia debolezza. ≷ A qual cimento
> il barbaro mi pose… ≷ Un premio è questo
> ben dovuto a mie colpe! ≷ In tale istante
> dovea di nuovo amante
> i sospiri ascoltar? ≷ L'altrui querele
> dovea volger in gioco? ≷ Ah, questo core
> a ragione condanni, o giusto amore! ≷
> Io ardo; e l'ardor mio non è più effetto
> d'un amor virtuoso: ≷ è smania, affanno,
> rimorso, pentimento,
> leggerezza, perfidia e tradimento! ≷
>
> (Wolfang Amadeus Mozart, Così fan tutte, libretto di Da Ponte)

アリアでもう一つの例を見てみよう。ピアーヴェは"エルナーニ"の中の三重唱をアンジャンブマンとしてつないだだけでなく、形容詞 **"avido"** を、それがかかる名詞 **"desio"** から遠く離して用いている。

> Oro, quant'oro ogni avido
> puote saziar desìo, ≷
> a tutti v'offro, abbiatelo
> prezzo del sangue mio.
>
> (Giuseppe Verdi, Ernani, libretto di F. M. Piave)

オペラの台本では対話のアンジャンブマンは非常にしばしば見られる。特にレチタティーヴォやアリアの途中の部分、あるいは同じ場面で何人もの人物が絡み合って歌う一節などに用いられている。

Susanna	In questa stanza!	25
Figaro	Certo: a noi la cede ↵	

generoso il padrone. ≧

Susanna	Io per me te la dono.
Figaro	E la ragione?
Susanna	La ragione lo qui.
Figaro	Perché non puoi ↵

Far che passi un po' qui? ≧

Susanna	Perché non voglio.

Sei tu mio servo o no?

Figaro	Ma non capisco ↵

Perché tanto ti spiaccia ↵

La più comoda stanza del palazzo. ≧[…]

詩行

Capitolo III

韻律のリズム
I RITMI DELLA METRICA

Ave signor. Perdona se il mio gergo
si lascia un po' da tergo
le superne teodie del paradiso;
perdona se il mio viso
non porta il raggio che inghirlanda i crini
degli alti cherubini;
perdona se dicendo io corro il rischio
di buscar qualche fischio.

韻律のリズム（I ritmi della metrica）

ここでイタリアの詩の韻律の伝統的なリズムについて見てみよう。

1．弱強のリズム（Giambo）

これはギリシャ韻律の詩脚で、一つの単音節（sillaba breve：□）と一つの長音節（sillaba lunga：■）によって組み立てられた、合わせて3音節のリズムである。その跛行（andamento zoppo）するような動きが、かつては主として諧謔詩や風刺詩、あるいは通俗的な、要するに高尚でない詩にぴったりだと考えられていた。

- 作曲家がこのジャンボのリズムとして作曲した末尾第三音節強勢（sdrucciolo）七音節詩行の例がたくさんある

  "A / te / cre/dei / ri/vol/ gere"　　　(Il trovatore, Atto I-Scena 5)

  "Ah / sì, / ben / mio, / coll'es/sere"　　　(Il trovatore, Il figlio della Zingara-Scena 6)

- 末尾第二音節強勢（piano）の詩行もある。

  "Di / que/st'af/fan/no^or/ren/do"　　　(I due Foscari, Atto II-Scena 1)

  "Di / ta/le^a/mor / che / dir/si"　　　(Il trovatore, Il Duello-Scena 2)

  "Tre / gior/ni / son / che / Ni/na"　　　(Nina)

- 詩行の一部にだけこのジャンボのリズムが使われていることもある。

  "Il / vol/to^e / l'a/nima ti svelo"　　　(Otello, Atto III-Scena 2)

- 台本にはないテキストに音楽的着想として用いられている場合もある。

  "La / ra, / la ra, / la / ra"　　　(Rigoletto, Atto II-Scena 3)

La rà, la　　rà　la la, la rà, la rà, la

2．強弱のリズム（Trocheo）

ギリシャ韻律の詩脚で、一つの長音節と一つの単音節が■□と続く。したがって下降のリズムである。

"Qua/le^in/fau/sto,^or/ren/do / gior/no"　　　(Tancredi, Atto I-Scena 8)

"Mio / fu/ror, / non / più /co/stret/to"　　　(Nabucco, Gerusalemme-Scena 7)

"Ca/ro / lac/cio / dol/ce / no/do"　　　(Francesco Gasparini)

3．弱弱強のリズム（Anapesto）

　古典韻律の詩脚で、二つの単音節と一つの長音節からなる□□■のリズムである。音楽ではさまざまに応用される。

　　"Star / vi/ci/no^al / bel/l'i/dol / che / s'a/ma"　　（*Salvatore Rosa*）
　　"Non / so / più / co/sa / son, / co/sa / fac/cio"
　　　　　　　　　　　　　　　　　　　　　（*Le nozze di Figaro, aria di Cherubino*）

　ダ・ポンテの強弱によるアナペストのリズムに対して、モーツァルトの音楽は、二つの16分音符と一つの4分音符が規則的に連続する音量的アナペストがある。

　モンテヴェルディが《オルフェオ》の中で着想したアナペスト。

　　"Vi / ri/cor/da, / o / bo/schi ∨ / om/bro/si"　　（*Orfeo, Atto II-Scena unica*）

　ヴェルディは同じ高さのいくつかの音を使って次のようなアナペストにしている。

　　"Il / ros/sor / mi / co/prì / il / ter/ror / ho / nel / sen"
　　　　　　　　　　　　　　　　　　　　　（*I vespri siciliani, Atto II-Scena 7*）
　　"O/di / tu / co/me / fre/mo/no / cu/pi!"
　　　　　　　　　　　　　　　　　　　　　（*Un ballo in maschera, Atto II-Scena 3*）
　　"Ma / Las/sù / ci / ve/dre/mo!"　　（*Don Carlos, Atto V-Scena finale*）

4．強弱弱のリズム（Dattilo）

　古典韻律の詩脚で、一つの長音節、すなわちアクセントつきの音節と、二つの短音節からなる■□□のリズムである。音楽では長い音価の音一つと短い音価の音二つの規則的な連続として現れ、常に4分音符一つと8分音符二つの組み合わせとなる。

　　"Sal/ve, / o / so/le"　　（*Alina regina di Golconda, Atto I-Scena 3*）
　　"L'a/ra^o / l'a/vel/lo / ap/pre/sta/mi"　　（*Luisa Miller, Atto II-Scena 3*）

5．強強のリズム（Spondeo）

　古典韻律の詩脚で、二つの長音節■■からなっている。最初の音節も二番目の節も強拍となり得るので、決まった固有のリズムを持たない。オペラのリズムとしてはあまり用いられない。

　《ドン・ジョヴァンニ》で、墓場の騎士長の像が大げさに唱える吟詠は面白い。強弱、長長、強弱弱のリズムが入り混じった荘厳な調子で、「明日の朝まで

にお前は笑いを終えるであろう」("Di rider finirai prima dell'aurora")と唱えるのである。詩脚はすべて荘厳で、冷たく、下降的で、重々しい。

(*Massimo Mila*)

Capitolo IV

アクセントの置き場所
COLLOCAZIONE DEGLI ACCENTI

il dio piccin della piccina terra
ognor traligna ed erra,
e, al par di grillo saltellante, a caso
spinge fra gli astri il naso,
poi con tenace fatuità superba
fa il suo trillo in erba.

アクセントの置き場所 (La collocazione degli accenti)

　詩行は、それを構成している音節の数によって次のようになる。黒で記した番号はアクセントが落ちることのできる個所である。

bisillabo:	二音節詩行								❶	②
trisillabo	三音節詩行							①	❷	③
quadrisillabo	四音節詩行						❶	②	❸	④
quinario	五音節詩行					①	②	③	❹	⑤
						❶	②	③	❹	⑤
						①	❷	③	❹	⑤
senario	六音節詩行				①	❷	③	④	❺	⑥
settenario	七音節詩行			①	❷	③	④	⑤	❻	⑦
				❶	②	③	❹	⑤	❻	⑦
				①	②	❸	④	⑤	❻	⑦
				❶	②	❸	④	⑤	❻	⑦
ottonario	八音節詩行			①	②	❸	④	⑤	⑥	❼	⑧
novenario	九音節詩行		①	❷	③	④	❺	⑥	⑦	❽	⑨
decasillabo	十音節詩行	①	②	❸	④	⑤	❻	⑦	⑧	❾	⑩
endecasillabo	十一音節詩行（十一音節詩行のアクセントは要約しきれないほどさまざまに変化し得る。）										

　次にみるように二重詩行（verso composto）というものもあり、二重五音節詩行（doppio quinario）、二重六音節詩行（doppio senario）、二重七音節詩行（settenario doppio）、二重八音節詩行（ottonario doppio）などという。

二重五音節詩行 (doppio quinario)

　　"Fuo/co di gio/ia! - l'i/la/re vam/pa　　　　　　　　　　26

　　Fu/ga la not/te - con suo splen/dor,

　　Guiz/za, sfa/vil/la - cre/pi/ta,^av/vam/pa

　　ful/gi/do^in/cen/dio - che^in/va/de^il cuor."

　　　(Giuseppe Verdi: Otello, Atto I, Scena 1; libretto: Arrigo Boito)

二重六音節詩行 (doppio senario)

　　"Un te/ne/ro co/re - mi re/se fe/li/ce:　　　　　　　　　26

　　pro/vai quel con/ten/to - che lab/bro non dice...

un so/gno d'a/mo/re - la vi/ta mi par/ve...

ma^il so/gno di/spar/ve - di/spar/ve quel cor!"

(*Gaetano Donizetti: Roberto Devereux, Atto I Scena 5; libretto: Salvatore Cammarano*)

二重七音節詩行（settenario doppio）

"Su^i cam/pi di Ma/ren/go - bat/te la lu/na; fo/sco

tra la Bor/mi/da^e il Ta/na/ro - s'a/gi/ta^e mug/ge^un bo/sco,"

(*Giosuè Carducci: Su i campi di Marengo, vv 1-2*)

二重八音節詩行（ottonario doppio）

"Quan/do ca/do/no le fo/glie, - quan/do^e/mi/gra/no gli^au/gel/li

e fio/ri/te^a' ci/mi/te/ri - son le pie/tre de gli^avel/li."

(*Giosuè Carducci: La sacra di Enrico Quinto, vv 1-2*)

ではさまざまな種類の詩行を見てみよう。

1．二音節詩行（Bisillabo または Binario）

非常にまれな（raro）詩行で、最初の音節にアクセントが来るだけの 詩行である。モノシラブルであれば音節は一つだけしかない。

Pei put/ti

brut/ti

e per le cit/te

che non stan zit/te

in/tor/no^al fuo/co

di/rò la fa/vola

del cuo/co

Trol.

(*Arrigo Boito: Re Orso, Leggenda prima: Orso vivo. 6. Trol*)

Die/tro

qual/che

ve/tro

qual/che

vi/so

bian/co

(*Giovanni Alfredo Cesareo*)

2．三音節詩行（Trisillabo）

普通は他の詩行と組み合わせて用いられる。

二音節詩行と三音節詩行は基本詩行（primario）と呼ばれ、他の詩行は二次詩行（secondario）と呼ばれる。なぜならば、二次詩行は、二つの基本詩行のどちらかを加算した結果として成り立つものだからである。

 Pia/ce/re   28
 mag/gio/re
 a/ve/re
 non può ◆
 un co/re
 s'in ciel ◆
 an/das/se,
 vo/las/se,
 di quel ◆
 che l'al/ma mia gu/stò ◆
 ma co/sa sia non so. ◆
 (*Francesco Cavalli, Calisto, Atto I-Scena 10;libretto di Giovanni Faustini*)

 Siam nim/bi   28
 vo/lan/ti
 dai lim/bi.
 Nei san/ti
 splen/do/ri
 va/gan/ti.
 Siam co/ri
 di bim/bi,
 d'a/mo/ri.
 (*Arrigo Boito: Mefistofele, Prologo-Scena 1*)

3．四音節詩行（Quadrisillabo または Quaternario）

この詩行は第一アクセントが第三音節にくる。第二アクセントは第一音節にくるのが普通である。四音節詩行はイタリアの詩ではあまり一般的ではなく、他の詩行との混合で使われている。しかしバロック時代の台本には用いられていなかったわけではない。ただ1800年代になると非常に少なくなる。

Da/mi/ge**l**/la   29
tu**t**/ta be**l**/la
ver/sa ve**r**/sa quel bel vi/no,
f**a** che c**a**/da
la ru/g**ia**/da
di/sti**l**/la/ta di ru/b**i**/no.
(*Claudio Monteverdi, Damigella tutta bella, madrigale di Chiabrera*)

Gi**u**/sto ci**e**l, in t**a**l pe/r**i**/glio   29
pi**ù** con/s**i**/glio
pi**ù** spe/r**a**n/za,
non a/v**a**n/za,
che pian/g**e**n/do,
che ge/m**e**n/do,
im/pl**o**/rar la tua pie/t**à**. ✦
(*Gioachino Rossini, Maometto II, Atto I-Scena 3; libretto di Cesare Della Valle*)

4．五音節詩行（Quinario）

　これは韻律的に決まったアクセントが最後から二番めの音節に落ちるが、それより弱い第二アクセントは流動的で、第一音節に落ちることもあり、第二音節に落ちることもある。

Non pi**ù** di fio/ri   29
v**a**/ghe ca/t**e**/ne
di/sc**e**n/da^I/m**e**/ne
ad / in/tr**e**c/ciar. ✦
Stre**t**/ta fra bar/<u>bare</u>
a/spre ri/t**o**r/te
ve**g**/go la m**o**r/te
ver me^a/v**a**n/zar. ✦
(*Wolfang Amadeus Mozart, La clemenza di Tito, Atto II-Scena 15; libretto di Mazzolà e Metastasio*)

　次にピアーヴェの《女心の歌 **"La donna è mobile"**》の歌詞を出してみよう。これは四つの詩節（**strofa**）から成っているが、各詩節が三行詩節（**terzina**）からできていて、最初の２行が五音節詩行、最後の１行が二重五音節詩行という構

成になっている。この故意に作られた不規則性の中に、五音節詩行四つという、より単純な構造が隠されているのである。

 La don/na^è mo/bile   30
 qual piu/ma^al ven/to,
 mu/ta d'ac/cen/to - e di pen/sie/ro.
 Sem/pre^un a/ma/bile,
 leg/gia/dro vi/so,
 in pian/to^o^in ri/so - è men/zo/nie/ro.
 (*Giuseppe Verdi, Rigoletto, Atto III-Scena 2, libretto di F. M. Piave*)

やはりヴェルディの《リゴレット》から二重五音節詩行の例を挙げてみよう。

 Si/gnor né prin/cipe - io lo vor/rei;   30
 sen/to che po/vero - più l'a/me/rei,
 so/gnan/do^o vi/gile - sem/pre lo chia/mo,
 e l'al/ma^in es/tasi - gli di/ce / t'a... ✦
 (*Giuseppe Verdi, Rigoletto, Atto I-Scena 12; libretto di F. M. Piave*)

《ノルマ》の二重唱も二重五音節詩行である。

 Qual cor tra/di/sti, - qual cor per/de/sti   30
 que/st'o/ra^or/ren/da - ti ma/ni/fe/sti.
 Da me fug/gi/re - ten/ta/sti^in/va/no,
 cru/del ro/ma/no, - tu sei con me. ✦
 (*Vincenzo Bellini, Norma, Atto II-Scena ultima; libretto di Felice Romani*)

ところでズドゥルッチョロの五音節詩行（quinario sdrucciolo）というのは、1700年代の音楽劇では超自然の人物が登場する場面によく用いられた。舞台に神秘的で仰天するような感覚を刻みつけるのに役に立った。

 Non e/ra^an/co/ra   che smun/to^e pal/lido,   30
 sor/ta l'au/ro/ra,   con oc/chi li/vidi,
 al/lor che^i lan/guidi   qual chi di/ma/grasi
 miei sen/si^un tor/bido   per gran di/giu/ni,
 son/no le/tar/gico   ca/te/ne^e fu/ni
 tut/ti^in/gom/brò. ✦   in man te/ne/a,
 Ed ec/co^ap/par/vemi   e pal/lio^ed a/bito,
 spet/tro / ter/ri/bile,   ve/ste^e cal/zo/ni

tes/su/ti^a/ve/a　　　　　　al/to gri/dò; ✦
di ci/ta/zio/ni,　　　　　　po/scia per l'a/ere
di con/ti^e d'ob/blighi　　si di/le/guò. ✦
e pa/ghe/rò. ✦　　　　　　Un for/te pal/pito
Co/ro/na^e scet/tro　　　　le mem/bra scos/semi
su/gli^oc/chi fran/semi　　e^il son/no rup/pemi;
l'or/ri/bil spet/tro;　　　　e più nel/l'a/nimo
in/di vol/gen/domi　　　　da quel mo/men/to
sguar/do fu/ne/reo:　　　　non ho con/ten/to,
«Io so/no^il de/bito»　　　pa/ce non ho. ✦

(*Giovanni Paisiello, Il re Teodoro in Venezia*, Atto II-Scena 12; libretto di G.B. Casti)

5．六音節詩行（Senario）

　六音節詩行が五音節詩行と明らかに違う点は、アクセントが固定（**fissità**）しているということである。この詩行には二つのアクセントがあり、第一アクセントは第二音節に、第二アクセントが第五音節めに落ちる。第一アクセントが第二音節に落ちるという性格上、この詩行に合うメロディーは、上拍（**anacrusi**）から始まる弱起（**in levare**）のメロディーである。六音節詩行で一拍めが強拍で始まる（**a battuta piena**）強起の曲はあまりない。

　六音節詩行は古典詩の中では普通あまり用いられないが、シチリア派の詩で使われ、その後1700〜1800年代にオーデ＝カンツォネッタ（**ode-canzonetta**）の形やオペラのアリアの中で用いられるようになった。メタスタジオはあまり好まなかったが、ベルターティやダ・ポンテは好んで使った。例えばベルターティは《秘密の結婚 "Matrimonio segreto"》の中で6回もこれを用いている。

È ve/ro che^in ca/sa　　　　Sto fuo/ri di ca/sa?　　31
io son la pa/dro/na,　　　　Nes/sun mi dà pe/na;
che m'a/ma^il fra/tel/lo,　　Al/l'o/ra ch'io vo/glio
che^o/gnu/no mi^o/no/ra;　　Vo^a pran/zo, vo^a ce/na;
È ve/ro ch'io go/do　　　　A let/to men va/do
la mia li/ber/tà... ✦　　　　Se n'ho vo/lon/tà... ✦
Ma con un ma/ri/to　　　　Ma con un ma/ri/to
via me/glio si stà. ✦　　　via me/glio si stà. ✦

(*Domenico Cimarosa, Il matrimonio segreto*, Atto I-Scena 5; libretto di Bertati)

Ri/tro/vo l'a/man/te	Ri/sen/to nel pet/to 31
nel cru/do ne/mi/co...	al/l'al/ma sem/bian/za
Qual bar/ba/ro^i/stan/te!	d'un te/ne/ro^af/fet/to
Che pen/so? che di/co?	l'an/ti/ca pos/san/za...
Oh mor/te, te^im/plo/ro:	Qual ma/gi/co ^in/can/to
ri/me/dio, ri/sto/ro	quel ci/glio, quel pian/to,
a tan/to do/lor. ♦	quel mu/to do/lor! ♦

(*Gioachino Rossini, Maometto II, Atto I-Scena 6; libretto di Cesare Della Valle*)

La mia Do/ra/bel/la   32
ca/pa/ce non è ♦
fe/del quan/to bel/la
il cie/lo la fe'. ♦

(*Wolfang Amadeus Mozart, Così fan tutte, Atto I-Scena 1; libretto di Da Ponte*)

ここで二重6音節詩行の例を出しておこう。
Or tut/ti sor/ge/te - mi/ni/stri^in/fer/na/li,   32
Che^al san/gue^in/co/ra/te - spin/ge/te^i mor/ta/li!
Tu not/te ne^av/vol/gi - di te/ne/bra^im/mo/ta;
Qual pet/to per/co/ta - non veg/ga^il pu/gnal.

(*Giuseppe Verdi, Macbeth, Atto I- Scena 6; libretto di Francesco Maria Piave*)

6．七音節詩行（Settenario）

　使用頻度と重要性については十一音節詩行に次いで高い。しかも十一音節詩行と結合（congiunzione）することが多く、そのために七音節詩行は十一音節詩行との組み合わせで現れることがしばしばである。そのために、この二つの詩行が直接つながって（legame）いると、どうしても七音節詩行を十一音節詩行の構成要素（componente）として感じて（avvertire）しまう場合が非常に多い。十一音節詩行との関係においては五音節詩行の場合も同じである。
　七音節詩行は、韻律的に決まったアクセントは最後の第六音節目であるが、第二アクセントは、第一アクセントと強さ（intensità）を競う（competere）かのように、自由にその他の音節に落ちることができる。このアクセントの融通性（flessibilità）のために、これはイタリアの詩ではよく使われる詩行の一つである。いろいろな時代の抒情詩に使われ、オペラの台本ではレチタティーヴォの無

韻詩（versi sciolti）に生き生きとした活気を与えている（alimentare）。またそれ自体でも、次項に述べる八音節詩行と競合するほどに、音楽的に非常に心地よい（dilettissimo）音節を構成する。

次はオペラ・セリアの例である（ここでいうオペラ・セリアとはオペラ・ブッファなど喜劇的なオペラ以外のすべてのオペラを指している）。

Qua/lun/que sia l'e/v**en**/to	Non s**e**m/pre chiu/sa^a' p**o**/<u>poli</u>　33
che può re/c**a**r for/t**u**/na,	fu la f**a**/t**a**l la/g**u**/na:
ne/mi/co^io non pa/v**en**/to	e^ad ol/tr**a**g/gi**a**/to prin/<u>cipe</u>
l'al/t**e**/ro^am/b**a**/scia/d**o**r. ◆	a/pr**i**r si pu**o**/te^an/c**o**r. ◆

(*Gaetano Donizetti, Lucrezia Borgia, Atto I-Scena 1; libretto di Felice Romani*)

喜歌劇（opera comica）からの例：

Di ser/vi/t**ù** no/v**e**l/la	Di l**e**/gni^un p**a**/io si/a　33
pen/s**a**/te^a prov/v**e**/der/mi;	do/m**a**/ni^in scu/d**e**/ri/a;
sia g**en**/te fre/sc**a**^e b**e**l/la,	qu**a**n/to^ai ca/v**a**l/li p**o**/i,
t**a**/le da far/c**i**^o/n**o**r. ◆	la/scio la sc**e**l/t**a**^a v**o**/i.
Poi quan/do^a/vrà fi/ni/to...	Poi, quan/do^a/vrà fi/ni/to...
Non ho fi/ni/to^an/c**o**r. ◆	Non ho fi/ni/to^an/c**o**r. ◆

(*Gaetano Donizetti, Don Pasquale Atto II-Scena 5; libretto di Giovanni Rufini*)

次に、一つは快活な（brillante）、もう一つは悲劇的な（tragico）例をあげてみよう。

Un dì, se b**e**n ram/m**e**n/<u>tomi</u>,　33
o b**e**l/la, t'in/con/tr**a**/i...
mi pi**a**c/que di te chi**e**/<u>dere</u>,
e^in/t**e**/si che qui /st**a**/i.
Or s**a**p/pi, che d'al/l**o**/ra
sol t**e** que/st'**a**l/ma^a/d**o**/ra.

(*Giuseppe Verdi, Rigoletto, Atto III-Scena 3; libretto di Francesco Maria Piave*)

P**a**r/mi ve/der le la/grime　33
scor/r**e**n/ti da quel c**i**/glio,
qu**a**n/do fra^il du**o**/lo^e l'**a**n/sia
del s**u**/bi/to pe/r**i**/glio,

アクセントの置き場所

65

del/l'a/mor no/stro me/more,
il suo Gual/tier chia/mò. ✦

(*Giuseppe Verdi, Rigoletto, Atto II-Scena 1; libretto di Francesco Maria Piave*)

この七音節詩行の柔軟性（**duttilità**）をよりよく理解するために、《フィガロの結婚》のスザンナとケルビーノの小さな二重唱を見てみよう。

Susanna：	A/pri/te, pre/sto^a/pri/te	Susanna：	Fer/ma/te, Che/ru/bi/no! 34
	A/pri/te:^è la Su/san/na.		Fer/ma/te, per pie/tà! ✦
	Sor/ti/te, via sor/ti/te...	Cherubino：	Un va/so^o due di fio/ri
	An/da/te via di qua! ✦		Più mal non av/ver/rà. ✦
Cherubino：	Ahi/mè che sce/na^or/ri/bile!	Susanna：	Trop/p'al/to per un sal/to.
	Che gran fa/ta/li/tà! ✦		Fer/ma/te per pie/tà! ✦
Susanna：	Di qua, di qua, di là. ✦	Cherubino：	La/scia/mi: pria di nuo/cerle,
A due：	Le por/te son ser/ra/te.		Nel fo/co vo/le/rei,
	Che mai, che mai sa/rà! ✦		Ab/brac/cio te per lei,
Cherubino：	Qui per/der/si non gio/va.		Ad/dio, Co/sì si / fa.
Susanna	V'uc/ci/de se vi tro/va.	Susanna：	Ei va^a pe/ri/re,^oh Dei!
Cherubino：	Veg/gia/mo^un po' qui fuo/ri.		Fer/ma/te, per pie/tà. ✦
	Dà pro/prio nel giar/di/no.		

(*Wolfang Amadeus Mozart, Le nozze di Figaro, Atto II-Scena 7; libretto di Da Ponte*)

劇中の一事件を歌うこのアリア（**aria di azione**）は大騒ぎ（**agitazione**）の場面を表現している。その効果を上手く出すためにダ・ポンテは七音節詩行を使っているのだが、七音節詩行はこの場のドラマティックなダイナミズムを盛り上げるのにふさわしい。この場にはダイナミックな衝動があり、しかもその衝動はケルビーノが窓から飛び降りるまで収まらず、常に自分自身に振りかかってくる。この効果を出すためにダ・ポンテは終始リズムのアクセントを第二音節に置いた。このためにモーツァルトは歌い手の各フレーズを、上拍（**tempo debole**）から始まる拍子にすることができたのである。各フレーズが上拍で始まれば、曲が一瞬も止まらずに急速に軽く流れていくことにもなる。この流動性（**fluidità**）は、詩の最後のほうでケルビーノがスザンナに"Lasciami"というところで一瞬断ち切られる。この詩行は、第一音節にアクセントの落ちる最初にして唯一の詩行である。そしてこの詩行はアンジャンブマンとなって音楽のリズムを変える。そして次にスザンナのレチタティーヴォが11音節で始まることによって、それまでの二重唱で七音節詩行が作り出していた緊張感がほっと和らぐ（**stemprare**）

のである。

　やはり二重七音節詩行で「マルテッリアーノ」と呼ばれる詩行を引用しよう。これはマルテッリ（Martelli）という詩人の名にちなんだ詩行であるが、彼は「アレッサンドリーノ」（alessandrino）と呼ばれるフランスの二重六音節詩行の詩からその作風を借用してイタリアの詩に導入した。「アレッサンドリーノ」もフランスの詩人アレクサンドル・ド・ボルナイ（Alexandre de Bornai）の名にちなんで命名された詩形である。この詩形はイタリアの韻律としてはあまり用いられないが、ボーイトの《オテッロ》の中に非常に美しい例があるので引用してみよう。

Era la notte, Cassio dormia, gli stavo accanto. |14|
Con interrotte voci tradia l'intimo incanto .
Le labbra lente, lente, movea, nell'abbandono
del sogno ardente; e allor dicea, con flebil suono:
Desdemona soave! Il nostro amor s'asconda.
Cauti vegliamo! L'estasi del ciel tutto m'innonda.
Seguia più vago l'incubo blando; con molle angoscia
l'interna imago quasi baciando, ei disse poscia:
Il rio destino impreco che al Moro ti donò. ◆
E allora il sogno in cieco letargo si mutò. ◆

(*Giuseppe Verdi, Otello, Atto II-Scena 5; libretto di Arrigo Boito*)

　H. S. パワーが注目するように、ボーイトは、カッシオの夢の言葉を引用したところ（イタリックで書かれた部分）は まさにマリテッリアーニの二重七音節詩行で書き、イヤーゴの語りの部分は三重五音節詩行で書いている、そしてヴェルディはこの区別を守って作曲している。つまり、三部分でひとフレーズをなす語りの詩行には、それぞれの小旋律がきちんと5音節にあてはまるように音楽を付け、カッシオの言葉の引用の詩行は古典的な二重7音節として音を付けている。こうすると、イヤーゴの語りの言葉とカッシオの夢の言葉の引用との間の違いが明かとなり、音楽的にもめりはりがきく。

7　八音節詩行（Ottonario）

　この詩行はアクセントの落ちる音節がきちんと決まっていて不動（rigido）である。この点において六音節詩行と共通する。アクセントは必ず（assolutamente）韻律上の第三音節と第七音節に落ちる。八音節詩行はイタリアの詩の中で、最も旋律的で調子がとりやすい。「イタリア語の中でもっとも粘着性のある（appiccicoso）詩行」とさえいわれているが、それは、このアクセントづけが一

度耳に入ると「もう頭から離れない（non ti si leva più dalla testa）」からである。このために、長い話（filastrocca）に好んで用いられる。オペラでよく使われるということでは七音節詩行と同じである。

Co/me sco/glio^im/mo/to re/sta　　　　　　　　　　　　　　35
con/tro^i ven/ti^e la tem/pe/sta,
co/sì^o/gnor que/st'al/ma^è for/te
nel/la fe/ de^e nel/l'a/mor. ✦
(*Wolfang Amadeus Mozart, Così fan tutte, Atto I-Scena 11; libretto di Da Ponte*)

Ca/sta di/va che^in/ar/gen/ti　　　　　　　　　　　　　　36
que/ste sa/cre^an/ti/che pian/te,
a noi vol/gi^il bel sem/bian/te
sen/za nu/bi^e sen/za vel. ✦
(*Vincenzo Bellini, Norma, Atto I-Scena 4; libretto di Felice Romani*)

Ve/glia^o don/na, que/sto fio/re　　　　　　　　　　　　　36
che^a te pu/ro con/fi/da/i;
Ve/glia^at/ten/ta,^e non sia ma/i
che s'of/fu/schi^il suo can/dor. ✦
(*Giuseppe Verdi, Rigoletto, Atto I-scena 10; libretto di Francesco Maria Piave*)

ロッシーニの同じ始まり（incipit）を持つ二つの例。

Mi par d'es/ser con la te/sta　　　　　　　　　　　　　　36
in un' or/ri/da fu/ci/na,
do/ve cre/sce^e mai non re/sta
del/le^in/cu/di/ni so/no/re
l'im/por/tu/no stre/pi/tar. ✦
(*Gioachino Rossini, Il barbiere di Siviglia: finale Atto I; libretto di Cesare Zerbini*)

Mi par d'es/se/re so/gnan/do　　　　　　　　　　　　　　36
fra giar/di/ni^e fra bo/schet/ti.
I ru/scel/li sus/sur/ran/do,
gor/gheg/gian/do gli^au/gel/let/ti
in un / ma/re di de/li/zie
fan/no l'a/ni/mo nuo/tar. ✦
(*Gioachino Rossini, La Cenerentola: finale Atto I; libretto di Jacopo Ferretti*)

次の詩は強い区切れ（fortemente cesurati）のある八音節詩行の例である。八音節詩行はしばしば「前区切れ」（"a minore"）といって、3音節プラス5音節の形をとる。次の詩では、トロンコあるいはピアーノの詩行の第三音節にアクセントが落ちて、チェス（scacchi）の試合の調子がリズミカルに強調されている。しかも、詩節が非常に不均衡（asimmetrico）であることに気付く。この不均衡はダ・ポンテに大変多く見られる特徴である。

　　　Pian pia/nin veg/gia/mo^un po/co　　　　　　　37
　　　（チェスの駒を置き始める）
　　　Que/sto^è il mio, quel/l'è^il suo gio/co:
　　　A me toc/ca:^il Re si^ar/roc/ca;
　　　E la tor/re va di qua. ◆
　　　Qui Dor/val met/te l'al/fie/re...
　　　（だんだんと興奮してくる）
　　　Bra/vo... sca/cco... siam in bal/lo:
　　　Ei la tor/re... sta^a ve/de/re...
　　　Dop/pio scac/co al ca/val/lo...
　　　La Re/gi/na per/de/rà. ◆
　　　Vi/a col Re... ma s'io la pi/glio...
　　　Il ca/val/lo^e/gli mi pren/de;
　　　Tan/to me/glio...^è il Re^in pe/ri/glio...
　　　La Re/gi/na^or qui di/scen/de...
　　　Scac/co... scac/co...^è mat/to,^è mat/to,
　　　Co/sa chia/ra,^l col/po^è fat/to;
　　　È fi/ni/ta la par/ti/ta,
　　　Non ci^è scam/po^n ve/ri/tà. ◆
　　　Ho già vin/to; gli sta be/ne;
　　　Quan/do vie/ne lo ve/drà. ◆
　　　Ehi Ca/sta/gna... Ca/sta/gna.../ ho vin/to, ho vi/nto
　　　(Martín y Soler, Il burbero di buon cuore, Atto I-Scena 8; libretto di Lorenzo Da Ponte)

8．九音節詩行（Novenario）

　これは他の奇数詩行（imparisillabo）と違って、アクセントが規則的な間隔で固定し、3音節ごとに落ちる。すべての詩行でアクセントの位置が変わらないために、通常は非常にリズミカルで繰り返しのきく（ripetitivo）一つの音楽性を

与える詩行である。しかしオペラのリブレットではあまり多くは見かけない。

Sui ven/ti, su/gli^a/stri, sui mon/di, ㊲
sui lim/pi/di^az/zur/ri pro/fon/di,
sui rag/gi te/pen/ti del sol, ◆
su/gli^oc/chi, sui fiu/mi, sui fio/ri,
sui ro/sei ca/den/ti va/po/ri,
scor/ria/mo con a/gi/le vol. ◆
La dan/ za^in an/ge/li/ca spi/ra
si gi/ra, si gi/ra, si gi/ra.
(Arrigo Boito, Mefistofele: Coro dei Cherubini, Prologo-Scena1; libretto di Arrigo Boito)

Lontano lontano lontano ㊳
sui flussi d'un ampio^oceano,
tra^i roridi^effluvi del mar ◆
tra l'alghe tra^i fior tra le palme
il porto dell'intime calme,
l'azzurra^isoletta m'appar ◆.
(Arrigo Boito, Mefistofele, Atto III, libretto di Arrigo Boito)

9．十音節詩行（Decasillabo）

　これはアクセントが第三音節、第六音節、第九音節に固定して落ちるという特徴がある。八音節詩行もそうであるが、融通性のない単調なリズムの歌 (cantilena) になりがちな構造を持っている。あまり用いられる詩行ではないが、主としてオペラのカンタービレの詩節に用いられることが多い。

Sa/ni^e sal/vi,^a/gli^am/ples/si^a/mo/ro/si ㊳
del/le no/stre fi/dis/si/me^a/man/ti
ri/tor/nia/mo, di gio/ia^e/sul/tan/ti.
per dar pre/mio^al/la lor fe/del/tà. ◆
(Wolfang Amadeus Mozart, Così fan tutte, Atto II-Scena ultima; Libretto di Lorenzo Da Ponte)

Cor/ti/gia/ni, vil raz/za mal/na/ta, ㊳
per qual prez/zo ven/de/ste^il mio be/ne?
A voi nul/la per l'o/ro scon/vie/ne,

ma mia fi/glia^è^im/pa/ga/bil te/sor... ✦

(*Giuseppe Verdi, Rigoletto, Atto II-Scena 4; libretto di Francesco Maria Piave*)

《フィガロの結婚》第1幕第5場のケルビーノのアリアをみると、ダ・ポンテには最初の二つの詩節を十音節詩行の4行（quartina）にしており、それがＡＡＢＣ―ＤＤＢＣという脚韻を踏みながら、Ｃがトロンコになっているという例を作っている。

Non so più co/sa s**o**n, co/sa f**a**c/cio　　　　　　　　　　　　39
or di f**o**/co,^o/ra s**o**/no di ghi**a**c/cio
o/gni d**o**n/na can/gi**a**r di c**o**/lo/re
o/gni d**o**n/na mi fa pal/p**i**/tar. ✦

(*Wolfang Amadeus Mozart, Le nozze di Figaro, Atto I-Scena 5; libretto di Lorenzo Da Ponte*)

もう一つ有名な十音節詩行の例は《ナブッコ》のヘブライ人の合唱である。

Va', pen/si**e**/ro, sul/l'**a**/li do/r**a**/te,　　　　　　　　　　　　39
va' ti p**o**/sa sui cl**i**/vi, sui c**o**l/li,
o/ve^o/l**e**z/za/no li/be/re^e m**o**l/li
l'au/re d**o**l/ci del su**o**/lo na/t**a**l! ✦
Del Gior/d**a**/no le r**i**/ve sa/l**u**/ta,
di Sï/**o**n/ne le tor/ri^at/ter/r**a**/te...
Oh mia p**a**/tria sì bel/la^e per/d**u**/ta!
Oh mem/br**a**n/za sì ca/ra^e fa/t**a**l! ✦

(*Giuseppe Verdi, Nabucco, La profezia-Scena 4; libretto di Temistocle Solera*)

次は、カンツォーネ形式の十音節詩行の例である。

Que/sta^o qu**e**l/la per me pa/ri s**o**/no　　　　　　　　　　　　39
a quan/t'**a**l/tre d'in/t**o**r/no mi v**e**/do,
del mio c**o**/re l'im/p**e**/ro non c**e**/do
me/glio^ad **u**/na che^ad al/tra bel/t**à**. ✦

(*Giuseppe Verdi, Rigoletto, Atto I-Scena 1; libretto di Francesco Maria Piave*)

次に二重五音節詩行を引用するので、十音節詩行と比較してアクセントの違いを明らかにしてみよう。上に見るように、十音節詩行ではアクセントが弱弱強のアナペストのリズムに固定されている。しかし二重五音節詩行では、シラブルの数こそ同じだが、アクセントは流動的で、詩行の内部においてもズドゥルッチョ

ロが働いている。

> Si/gnor nè prin/cipe - io lo vor/rei;
> sen/to che po/vero - più l'a/me/rei,
> so/gnan/do^o vi/gile - sem/pre lo chia/mo,
> e l'al/ma^in es/tasi - gli di/ce t'a... ✦

(*Giuseppe Verdi, Rigoletto, Atto I-Scena 12; libretto di Francesco Maria Piave*)

10. 十一音節詩行（Endecasillabo）

　十一音節詩行は、韻律上決まっている十音節目のアクセント以外に、一つから三つのアクセントがいろいろな個所に落ちる。好んで落ちるのは第六音節、または第四音節と第八音節、あるいは第四音節と第七音節の上である。この柔軟性（duttilità）のために、十一音節詩行は長らくイタリアの詩人のお気に入り（prediletto）であった。というよりも最もよく用いられて（utilizzato）きた詩行である。これはイタリアの詩の主要な韻律であって、バッラータ、カンツォーネ、ソネット、オッターヴァといった重要なすべての詩形に使われている。十一音節詩行はフランスの一詩形に由来する。それはいわゆるデカシラブ（decasyllabe）という十音節詩行の形態を持つ詩で、フランス古典詩のなかでも叙事詩（epica）、とか宗教的な（sacra）内容を持つ詩であった。それがなぜイタリアにきて十一音節詩行になったのであろうか？　実はこのフランスの詩行が発展していくと、最終的にはそこに非強勢の一音節が付加されて、十音節という規定数を上まわった音節をもつようになった。しかしこの付加された音節にはアクセントがついていなかったために、正規に詩行を構成する音節数としては数えられることはなかった。とはいえイタリア人にしてみれば、この付加的音節は詩行を補完する重要な一部分だったのである。イタリア文学における詩の発祥は、パレルモのホーエンシュタウフェン系の、フェデリーコ **Federico** の宮廷をとり巻く環境（1230—40）においてであった、その宮廷官僚の一団（stuolo）が、まさしくフランスの、特にプロヴァンス地方（ドック語圏）の愛の詩に触発されて作詞（poetare）の腕を磨いたのである。そしてジャコモ・ダ・レンティーニ **Giacomo da Lentini**、ステーファノ・プロトノターロ **Stefano Protonotaro** といった詩人の詩、またはフェデリーコ自身や、多くの人には無名（ignoto）であっても非常に重要なその他の詩人たちの詩によって、十一音節詩行が最も重要な表現形式となっていったのである。十一音節はその発祥からしてカンツォーネやソネットに最適で優秀な（illustre）詩行と考えられ（concepito）、現代にいたるまでの大きな幸運を勝ち取った。現在でも使用頻度が最も高く、さまざまに意義

ある成果をもたらしている。

十一音節詩行はレチタティーヴォに非常によく用いられる。

次は《フィガロの結婚》の第3幕を開始する伯爵のレチタティーヴォである。十一音節詩行10行と七音節詩行1行の全11行から成っている。

  Che^im/ba/raz/zo^è mai que/sto!^Un fo/glio^a/no/nimo... 40

  la ca/me/rie/ra^in ga/bi/net/to chiu/sa...

  la pa/dro/na con/fu/sa...^un uom che sal/ta

  dal bal/co/ne^in giar/di/no...^un al/tro,^ap/pres/so,

  che di/ce^es/ser quel des/so...

  non so co/sa pen/sar: po/treb/be for/se

  qual/cun de' miei vas/sal/li...^a si/mil raz/za

  è co/mu/ne l'ar/dir... Ma la Con/tes/sa...

  Ah, che^un du/bio l'of/fen/de...^el/la ri/spet/ta

  tro/ppo sé stes/sa;^e l'o/nor mio... l'o/no/re...

  do/ve dia/min l'ha po/sto^u/ma/no^er/ro/re!

(Wolfang Amadeus Mozart, Le nozze di Figaro, Atto III-Scena 1; libretto di Lorenzo Da Ponte)

ノルマが登場する場面は26行の詩行で構成されているが、その中には十一音節詩行が21行と五音節詩行が5行ある。

NORMA	Se/di/zï/o/se vo/ci, 41
	vo/ci di guer/ra^av/vi chi^al/zar/si^at/ten/ta
	pres/so^al/l'a/ra del dio? v'ha / chi pre/su/me
	det/tar re/spon/si^al/la veg/gen/te Nor/ma,
	e di Ro/ma^af/fret/tar il fa/to^ar/ca/no?...
	ei non di/pen/de da po/te/re^u/ma/no.
OROVESO	E fi/no^a quan/do^op/pres/si
	ne vor/rai tu? Con/ta/mi/na/te^as/sa/i
	non fur le pa/trie sel/ve^e^i tem/pli^a/vi/ti
	del/l'a/qui/le la/ti/ne?^O/mai di Bren/no
	o/zï/o/sa non può star/si la spa/da.
UOMINI	Si bran/di/sca^u/na vol/ta!
NORMA	^E^in/fran/ta ca/da.
	In/fran/ta, sì, se^al/cun di voi snu/dar/la
	an/zi tem/po pre/ten/de.^An/cor non so/no

74

	del/la n**o**/stra ven/d**e**t/ta^i dì ma/t**u**/ri:
	del/le si/c**a**m/bre sc**u**/ri
	so/no^i p**i**/li ro/m**a**/ni^an/cor più f**o**r/ti.
O<small>ROVESO</small>	E che t'an/n**u**n/zia^il d**i**o? p**a**r/la: quai s**o**r/ti?
N<small>ORMA</small>	Io ne' vo/l**u**/mi^ar/c**a**/ni
	l**e**g/go dal ci**e**/lo;^in p**a**/gi/ne di m**o**r/te
	del/la su/p**e**r/ba R**o**/ma^è scr**i**t/to^il n**o**/me...
	el/la^un gi**o**r/no mor/rà; ma non per v**o**i.
	Mor/rà pei v**i**/zi su**o**/i,
	qual con/s**u**n/ta mor/rà. L'**o**/ra^a/sp**e**t/ta/te,
	l'**o**/ra fa/t**a**l che c**o**m/pia^il gran de/cr**e**/to.
	P**a**/ce v'in/t**i**/mo...^e^il s**a**/cro vi/schio^io mi**e**/to.

(*Vincenzo Bellini, Norma, Atto I-Scena 4; libretto di Felice Romani*)

次のレチタティーヴォは興味深い。ヴェルディは"O rabbia! esser difforme! esser buffone!"という十一音節詩行に、あたかもそれが二つの七音節詩行であるかのように音楽を付けている。

Pa/ri si**a**/mo!^io la l**i**n/gua,^e gli^ha^il pu/gn**a**/le;　　　42

l'u**o**/mo son **i**o che r**i**de,^ei quel che sp**e**/gne!

Quel v**e**c/chio ma/le/d**i**/vami!

O u**o**/mi/ni!^O na/t**u**/ra!

Vil scel/l**e**/ra/to mi fa/c**e**/ste v**o**/i!

O rab/b**i**a!^es/ser dif/f**o**r/me!^es/ser buf/f**o**/ne!

Non do/v**e**r, non po/ter **a**l/tro che ri/d**e**re!

Il re/t**a**g/gio d'o/gni^u**o**m m'è t**o**l/to...^il pi**a**n/to!

(*Giuseppe Verdi, Rigoletto, Atto I-Scena 8; libretto di Francesco Maria Piave*)

O h rab-bia!... es-ser-dif-for-me!　　oh rab-bia es ser buf - fo-ne!...

詩行が長いために、アリアにはめったに用いられないが、非常に美しいいくつかの例をここにあげておこう。

Tut/ti^ac/cu/san le don/ne,^ed io le scu/so   42
se mil/le vol/te^al dì can/gia/no^a/mo/re
al/tri^un vi/zio lo chia/ma^ed al/tri^un u/so
ed a me par ne/ces/si/tà del co/re.
(*Wolfang Amadeus Mozart, Così fan tutte, Atto II-Scena 8; libretto di Lorenzo Da Ponte*)

Deh vie/ni^al/la fi/ne/stra,^o mio te/so/ro   42
Deh, vie/ni^a con/so/lar il pian/to mi/o
Se ne/ghi^a me di dar qual/che ri/sto/ro
Da/van/ti^a/gli^oc/chi tuoi mo/rir vo/gl'i/o
(*Wolfang Amadeus Mozart, Don Giovanni, Atto II-Scena 3; libretto di Lorenzo Da Ponte*)

最後にスザンアのアリアをあげておこう。
Deh, vie/ni, non tar/dar, o gio/ia bel/la,   43
vie/ni^o/ve^a/mo/re per go/der t'ap/pel/la.
Fin/ché non splen/de^in ciel not/tur/na fa/ce
fin/ché l'a/ria^è^an/cor bru/na ^e^il mon/do ta/ce.
Qui mor/mo/ra^il ru/scel, qui scher/za l'au/ra,
che col dol/ce sus/sur/ro^il cor ri/stau/ra;
qui ri/do/no^i fio/ret/ti,^e l'er/ba^è fres/ca:
ai pia/ce/ri d'a/mor qui tut/to^a/de/sca.
Vie/ni, ben mio: tra que/ste pian/te^a/sco/se
ti vo' la fron/te^in/co/ro/nar di ro/se.
(*Wolfang Amadeus Mozart, Le nozze di Figaro, Atto IV-Scena 10, libretto di Lorenzo Da Ponte*)

　十一音節詩行では詩行の句切れ（cesura）についても述べておかなければならない。二重詩行の場合には、その趣旨どおりに句切れは決まった場所にあるが、11音節の場合は句切れの場所が変わる。もし詩行の前半行（primo emistichio）が後半行（secondo emistichio）よりも短ければ、「前句切れ11音節」（endecasillabo a minore）と呼ばれ、前半行が後半行より長ければ「後句切れ11音節」（endecasillabo a majore）と呼ばれる。いずれにしても句切れは単語を途中で中断することは決してない。句切れの前には、ピアーノであろうとトロンコであろうとズドゥルッチョロであろうと、何らかの境界（terminazione）があるはずである。もし詩の第四音節に特に強い（intenso）アクセントが落ちていれば、句切れをともなった前半行は、ピアーノの5音節のように感じられる場合

もある。ズドゥルッチョロで句切れることは少ないが、トロンコでの句切れはしばしばある。下に引用したドン・パスクアーレの例もそうであるが、ここでは中間韻（rima al mezzo）が踏まれており、切り離された五音節詩行の感覚がさらに強く知覚（percepire）される。しかしそれによって詩行自体の11音節という韻律上の実質的な数え方が損なわれる（pregiudicare）わけではない。ここに述べた十一音節詩行についての音楽的問題は、メロディーの中に句切れを入れるか省略（omissione）するかの問題である。句切れがあればメロディーは句切れのないメロディー（大体１詩行に対して２小節）よりも長くなる（２小節半かそれ以上）のが普通である。

　　Co/m'è gen/til la not/te^a mez/zo^a/pril!
　　(Gaetano Donizetti: Don Pasquale, Atto III-Scena 6; libretto di Giovanni Ruffini)

句切れの前にはピアーノの単語がくるかもしれないし、トロンコ、あるいはズドゥルッチョロの単語がくるかもしれないが、これらは詩行末尾にくるときと違って、音節数の数え方には影響しない。

次のモーツァルトの《フィガロの結婚》に見られるように、十一音節詩行でも句切れのないものもある。

　　Deh vie/ni, non tar/dar, o gio/ia bel/la.

☞ オペラの中の一曲一曲の名前は、その歌の最初の詩行というよりも、その詩行の半行（emistichio）をもって名づけられている。たとえばアイーダが "Ritorna vincitor! E dal mio labbro" という詩行で歌い出すソロ（assolo）は、"Ritorna Vincitor!" と短縮されて、その詩行の前半行、七音節詩行だけで名前がつけられている。だから日本語でタイトルをつけるときには、間違ったタイトルにならないように気をつけなけれならない。

非常に凝った詩行もある。ボーイトが《オテッロ》の第1幕第1場のために書いた詩行を引用してみよう。詩行は八音節詩行＋六音節詩行で構成されている。

　　　Lam/pi! tuo/ni! gor/ghi! tur/bi ≳ tem/pe/sto/si^e ful/mini!　　44
　　　Tre/man l'on/de, tre/man l'au/re, ≳ tre/man ba/si^e cul/mini.
　　　Fen/de l'e/tra^un tor/vo^e cie/co ≳ spir/to di ver/ti/gine,
　　　Id/dio scuo/te^il cie/lo bie/co, ≳ co/me^un te/tro vel.
　　　Tut/to^è fu/mo! tut/to^è fuo/co! ≳ l'or/rida ca/li/gine
　　　Si fa^in/cen/dio, poi si spe/gne ≳ più fu/ne/sta, spa/sima
　　　l'u/ni/ver/so,^ac/cor/re^a val/chi ≳ l'a/qui/lon fan/ta/sima,
　　　i ti/ta/ni/ci^o/ri/cal/chi ≳ squil/la/no nel ciel. ◆

　詩は声を出して読まれるものとして生まれ、後になってようやくその音が書きとめられるようになった。詩の特徴（specifico）はそのリズムの存在と関係している。詩のリズムは意味のない遊び（gioco vano）ではない。言葉のリズムは感動（emozione）のリズムを伴っている。したがって詩は、声を出して読み、演じること（interpretazione）が非常に重要である。詩の解釈は作者のものであると同時に、読者つまりそれを再構成する人（lettore-ricreatore）のものでもある。音楽が作曲家（compositore）のものでもあり演奏家（esecutore）のものでもあるのと同じである。言葉のリズムは感動のリズムの現れであるから、詩を読みこなすということは、リズムを体で感じとり、そうすることで同時に感動を覚えることなのである。

Capitolo V

脚韻

LA RIMA

Boriosa polve! tracotato atòmo!
Fantasima dell'uomo!
E tale il fa quell'ebra illusïone
ch'egli chiama ragione.
Sì, maestro divino, in buio fondo
crolla il padron del mondo,
e non mi dà più il cuor, tanto è fiaccato,
di tentarlo al peccato.

脚韻 (La rima)

次の例に見るように、脚韻とは、二つの詩行の最後の音節が一致することによって成立する。その場合一致する音節は、アクセントの強く落ちる最後の母音から始まるのが普通である。

div**ino**	piac**evole**	abb**aglio**
argent**ino**	preg**evole**	trav**aglio**
pingu**ino**	disdic**evole**	bag**aglio**

脚韻はイタリア語では、ラテン語やギリシャ語の詩以上に、詩を支える基本要素となってきた。だからダンテは『新生（Vita Nova）』の第3章で、自分は「脚韻を踏んで言葉を語る術（l'arte del dire parole in rima）」を学んだ者であると述べている。ボーイトの《メフィストーフェレ》第4幕で、ギリシャ女であるエレナは脚韻をまだ知らないので彼女のアリアは古典的な詩行で歌われ、ファウストに脚韻というものの秘密を次のように尋ねる：

「おお　魔法にかけられたみたいだわ！　お話になって！　どういう素晴らしい詩興があなたの愛の甘い語り口をこんなにも心地よくさせるのでしょう？　教えてください、どうすればそんな甘美な言い回しが私にできるのでしょう？（"O incantesimo! parla! qual fantastico soffio / Cotanto bea la tua dolce loquela d'amore?... Dimmi, come farò a parlar l'idioma soave?"）

中世では、詩句は散文のように次々と続けて書かれていたために、脚韻は、一連の言葉と言葉の境界を「はっきりさせる」（demarcativo）という働き、つまり「詩行を分けるという認識」を持たせるための働きをしていたのである（Beltrami 1996: 75）。

- 脚韻が力を発揮するのは、先ずは詩行の最後のところである。そこでは音が一致するだけでなく、リズムも生じ、詩行がはっきりと区切られる。ただし、詩行の最後の語と、次の詩行の頭の語との間で韻を踏むこともある。
- 脚韻は完全脚韻（rima perfetta）といわれる、音が完全に一致する脚韻と、もう一つ不完全脚韻（rima imperfetta）というものがある。この二つは区別しなければならない。
- 不完全脚韻にはさらに

  子音韻（consonanza）　　Passa la nave con le vele n**ere**
            con le vele nere pe'l selvaggio m**are**

母音韻（assonanza）

　　Se tacendo o rison**an**d**o**
　　vien fiducia verso l'alto
　　di guarir l'eterno pi**an**t**o**.

- 技巧的な脚韻（rima artificiosa）と呼ばれるものがある。これは押韻する位置関係や、何らかの技巧的な音声的書法のために、完全脚韻の規則に厳密に当てはまらない脚韻のことである。

　オペラの中には、脚韻に何らかの強勢的な力が加えられたものがある。例えば《二人のフォスカリ "I due Foscari"》の第3幕の中には次のような脚韻が見られる。ピアーヴェはここで、一行目の "ved**uto**" と押韻させるために、二行目の最後を "rend**uto**" としている。これは "rendere" の過去分詞の古い形である。現在では "reso" となるのが正しい。P. ミオーリは『オペラ・ハンドブック（Manuale del melodramma）』の中で「例えばレナート・ブルゾンは、ここを "renduto" ではなく、正しいイタリア語の変化 "reso" に置き換えて歌っているが、それは脚韻としては誤りである」と述べている。

　　Ciel pietoso! il mio affanno hai ved**uto**!...
　　a me un figlio volesti rend**uto**"

　　(Francesco Maria Piave, I due Foscari, Atto III-Scena 6)

脚韻の種類		
詩行最後の単語の性質からみれば、次のような脚韻がある	形式的観点からみれば、次のような脚韻がある	詩節中の関係からみれば、次のような脚韻がある
- ピアーノ脚韻（rima piana） - トロンコ脚韻（rima tronca） - ズドゥルッチョロ脚韻（rima sdrucciola） - ビズドルッチョロ脚韻（rima bisdrucciola）	- 技巧的脚韻（rima artificiosa） - 語源同一脚韻（rima derivata） - 同意異議脚韻（rima equivoca） - 完全脚韻（rima perfetta） - 余剰韻（rima ricca） - 稀少韻（rima rara）	- 交代韻（rima alternata） - 対韻または平行韻（rima baciata o accoppiata） - 連続韻（rima continuata） - 連鎖韻（rima incatenata） - 交叉韻または閉鎖韻（rima incrociata o chiusa） - 内部韻（rima interna） - 倒置韻（rima invertita） - 中間韻（rima al mezzo o rimalmezzo） - 反復韻（rima ripetuta）

1．交代韻（Rima alternata）

　少なくとも4つの詩行（quartina）の中で、第1行目と第3行目、第2行目と

第4行目とが押韻 ABAB/CDCD と韻を踏む完全脚韻である。

  Dove sono i bei mom**enti**　　　　　　A　　　　　　　　45
  Di dolcezza e di pia**cer**　　　　　　　B
  Dove andaro i giuram**enti**　　　　　　A
  Di quel labbro menzog**ner**?　　　　　　B

  Perché mai, se in pianti e in p**ene**　　C
  Per me tutto si cangi**ò**,　　　　　　　D
  La memoria di quel b**ene**　　　　　　　C
  Dal mio sen non trapass**ò**?　　　　　　D

  (*Lorenzo Da Ponte, Le nozze di Figaro, Atto III-Scena 8*)

2．対韻（Rima baciata）または平行韻（Rima accoppiata）

AA/BB/CC/DD と二行ずつ韻を踏む完全脚韻。

  Tra guerrieri, poffarb**acco**　　　　　　A　　　　　　　　46
  Gran mustacchi, stretto s**acco**　　　　　A
  Schioppo in spalla, sciabla al fi**anco**,　B
  Collo dritto, muso fr**anco**,　　　　　　B
  Un gran casco, o un gran turb**ante**,　　C
  Molto onor, poco cont**ante**　　　　　　C
  Ed invece del fand**ango**,　　　　　　　D
  Una marcia per il f**ango**,　　　　　　　D
  Per montagne, per vall**oni**,　　　　　　E
  Con le nevi e i soll**ioni**,　　　　　　　E
  Al concerto di tromb**oni**,　　　　　　　E
  Di bombarde, di cann**oni**,　　　　　　　E

  (*Lorenzo Da Ponte, Le nozze di Figaro, Atto I-Scena 8*)

3．連続韻（Rima continuata）

 一つの詩節の中で AAAA/BBBB と同じ韻を踏むものと、AAAb/CCCb のように最後だけ異なった韻で締めるものがある。前者は単一脚韻（monorima）、後者は有尾韻（rima caudata）。

  Or dunque seguitando quel discorso　　　　　　　　　　46
  che non ho cominci**ato**;　　　　　　A

dai miei lunghi viaggi ritorn**ato**	A
e il mio papà trov**ato**,	A
che fra i quondam è capitombol**ato**,	A
e spirando ha ordin**ato**	A
che a vista qual cambiale io sia spos**ato**,	A
o son disered**ato**,	A
fatto ho un invito a tutto il vicin**ato**.	A
E trovato un boccone delic**ato**,	A
per me l'ho destin**ato**.	A
Ho detto, ho detto, e adesso prendo fi**ato**.	A

脚韻

(*Jacopo Ferretti, La Cenerentola, ossia la bontà in trionfo, Atto I-Scena 6*)

4．連鎖韻（Rima incatenata）

『神曲』に見られるダンテの三行詩節の典型的な脚韻である。第一詩行が最初の三行詩節の第三詩節と、第二詩行が2つめの三行詩節の第一詩行と、その第二詩節が3つめの三行詩節の第一詩節と押韻が合い、このように続いてゆく。十一音節句三行詩節（terza rima）とも呼ばれる ABA BCB CDC。

Io era tra color che son sosp**esi**	A
e donna mi chiamò beata e b**ella**,	B
tal che di comandar io la richi**esi**	A

47

(*Dante Alighieri, La Divina Commedia, Inferno, c. II, vv. 52-57*)

5．交叉韻（Rima incrociata）または閉鎖韻（Rima chiusa）

四行詩節の中で第1行目と第4行目、第2行目と第3行目が押韻する ABBA/CDDC という完全脚韻である。

Ecco pur ch'a voi rit**orno**,	A
care e selve e piagge am**ate**,	B
da quel Sol fatte be**ate**	B
per cui sol mie notti han gi**orno**.	A

47

(*Alessandro Striggio, La favola d'Orfeo, Atto II-Scena 1 e unica*)

6．中部韻（Rima interna）

技巧的脚韻である。一つの詩行の最後の単語が、同一の詩行内にある単語と押韻したり、別の詩行の中にある単語と押韻したりする。前者は水平内部脚韻

(rima interna orizzontale) と呼ばれる。後者には垂直内部脚韻（rima interna verticale）と斜め内部脚韻（rima interna obliqua）の二種類がある。垂直内部韻は、いくつかの異なる詩行の、常に同じ場所で押韻する。斜行内部韻は異なる詩行の異なる場所で押韻する。中世の慣用的表現を用いれば蛇行脚韻（rima serpentina）である。

  Allegri! bev**iamo**! - Nel vino cerch**iamo**   48
  almeno un piac<u>er</u>! ◆
  Che resta al band<u>ito</u>, - da tutti sfugg<u>ito</u>
  se manca il bicch<u>ier</u>? ◆
  (*Francesco Maria Piave, Ernani, Atto I-Scena 1*)

次のように凝った（ricercato）例もある。8 音節＋6 音節の二重詩行であるが、後半の 6 音節はすべてズドゥルッチョロ かトロンコの詩行となっている。

  Lampi! tuoni! gorghi! turbi tempestosi e f**ul/mini**!   48
  Treman l'onde, treman l'aure, treman basi e c**ul/mini**.
  Fende l'etra un torvo e ci<u>eco</u> spirto di verti/<u>gine</u>,
  Iddio scuote il cielo bi<u>eco</u>, come tetro v<u>el</u>. ◆
  Tutto è fumo! tutto è fuoco! l'orrida cali/<u>gine</u>
  si fa incendio, poi si spegne più funesta, sp**a/sima**
  l'universo, accorre a ~~valchi~~ l'aquilon fant**a/sima**
  i titanici oric~~alchi~~ squillano nel ci<u>el</u>. ◆
  (*Arrigo Boito, Otello, Atto I-Scena 1*)

二行の前句切れ十一音節詩行（endecasillabo a minore）の内部韻の例。

  Questo Mar R**osso** mi ammollisce e assidera   48
  come se add**osso** mi piovesse in stille.
  (*Giuseppe Giacosa e Luigi Illica, La Bohème, Atto I-Scena 1*)

7．倒置韻（Rima invertita）

 一つの詩節で押韻された形が、次に詩節で反転して巻き戻る。ABC CBA の完全脚韻である。

  Mostrasi sì piacente a chi la m<u>ira</u>   A   48
  che dà per li occhi una dolcezza al c<u>ore</u>   B
  che 'ntender no la può chi no la pr<u>ova</u>   C

e par che da le sue labbia si m<u>o</u>va	C	
un spirto soave pien d'am<u>ore</u>	B	
che va dicendo a l'anima: Sosp<u>ira</u>	A	

(*Dante Alighieri, Sonetto da "Vita Nuova", vv. 9-14*)

8．余剰韻（Rima ricca）

脚韻を構成する最後の音だけではなく、アクセントのついた母音に先だつ一つないしそれ以上の音も同じでなければならない完全脚韻である。

　例：a**ttore** - pi**ttore**
　　　pie**tate** - bel**tate**

9．中間韻（Rima al mezzo または Rimalmezzo）

技巧的脚韻である。詩行の最後の単語が、次の詩行の前半句の最後の単語、あるいはさらに別の詩行の前半句の最後の単語と押韻する。

　例：Passata è la temp<u>esta</u>:
　　　odo augelli far f<u>esta</u>, e la gallina,
　　　tornata in su la via,
　　　che ripete il suo verso.

(*Giacomo Leopardi, La quiete dopo la tempesta*)

10．反復（Rima ripetuta）

ソネットの三行詩節の典型的な完全脚韻。各詩節でも同じ順序で ABC/ABC と押韻されていく。

例：Da larga narice umida e n<u>era</u>	A	
fuma il tuo spirito, e come un inno li<u>eto</u>	B	
il mugghio nel sereno aer si p<u>erde</u>	C	
e del grave occhio glauco entro l'aust<u>era</u>		
dolcezza si rispecchia ampio e qui<u>eto</u>		
il divino del pian silenzio v<u>erde</u>.		

(*Giosuè Carducci, Il bove, vv. 9-14*)

詩節内の脚韻構成を示すためにはアルファベット文字が用いられる。
　－ 大文字は十一音節詩行のような長い詩行の脚韻に使われる（ABAB）
　－ 小文字は五音節詩行のような短い詩行の脚韻に使われる（abab）

現代詩の詩行は脚韻の規則に従わないことが多く、そのような詩は無韻詩行（versi sciolti）、自由詩行（versi liberi）といわれる。

Capitolo VI

詩節

Lᴇ ᴘʀɪɴᴄɪᴘᴀʟɪ ꜱᴛʀᴏꜰᴇ

Sui venti, sugli astri, sui mondi,
sui limpidi azzurri profondi,
sui raggi tepenti del sol,
sugli echi, sui fiumi, sui fiori,
sui rosei candenti vapori,
scorriamo con agile vol.
La danza in angelica spira
si gira, si gira, si gira.

詩節 (Le principali strofe)

　詩節 (strofa) とは、脚韻やリズムによりつながったある程度の数の詩行のまとまりである。

1．二行詩節 (Distico)
　対韻 (AA BB CC)、または交代韻 (AB AB) の2行だけの詩節である。二行詩節には十一音節詩行が非常によく使われる。

"Deh, vieni, non tardar, o gioia b**ella**,	A	43
Vieni ove amore per goder t'app**ella**,	A	
Finché non splende in ciel notturna f<u>ace</u>	B	
Finché l'aria è ancor bruna e il mondo t<u>ace</u>.	B	
Qui mormora il ruscel, qui scherza l'aura,	C	
Che col dolce sussurro il cor ristaura;	C	
Qui ridono i fioretti, e l'erba è fresca:	D	
Ai piaceri d'amor qui tutto adesca.	D	
Vieni, ben mio: tra queste piante asc**ose**	E	
Ti vo' la fronte incoronar di r**ose**.	E	

(*Lorenzo Da Ponte, Le nozze di Figaro, Atto IV-Scena 10*)

"Erano in fiore i lillà e l'uliv**elle**;	A	50
ella cuciva l'abito di sp<u>osa</u>;	B	
né l'aria ancora apria bocci di st**elle**,	A	
né s'era chiusa foglia di mim<u>osa</u>:	B	

(*Giovanni Pascoli, Con gli angioli, Myricae*)

2．三行詩節 (Terzina)
　ほとんど常に連鎖韻の11音節3行の詩節 (ABA BCB) である。ダンテによって用いられ、『神曲』の韻律となっている。

"Nel mezzo del cammin di nostra v<u>ita</u>	A	50
mi ritrovai per una selva osc<u>ura</u>,	B	

che la diritta via era smarr**ita**.	A
Ahi quanto a dir qual era è cosa d**ura**	B
esta selva selvaggia e aspra e f**orte**	C
che nel pensier rinova la p**aura**!"	B
Tant'è amara che poco è più m**orte**;	C
ma per trattar del ben ch'i' vi trovai	D
dirò altre cose ch'i' v'ho sc**orte**.	C

(*Dante Alighieri, La Divina Commedia, Inferno, c. I, vv. 1-6*)

次の例はダ・ポンテによる十一音節詩行ズドゥルッチョロの三行詩節である。

"Nel mare solca e nell'arena s**emina**	A	51
e il vago vento spera in rete accogli**ere**	B	
chi fonda sue speranze in cor di f**emina**."	A	

(*Lorenzo Da Ponte, Così fan tutte, Atto I-Scena 7*)

3．四行詩節（Quartina）

交代韻（ABAB）、または交叉韻（ABBA）の4行による詩節。最後の詩行だけがトロンコになることがある。ダ・ポンテの歌詞は、しばしば意識的に四行詩節で構成されている。四行詩節には内在的な音楽性があり、そのことを音楽家たちがよく知っていた。これは紛れもなくラテン語圏のリズム感覚を持っており、二つの往と復の運動から成る振幅は、あたかも振り子の振幅を思わせる。

"La mia Dorab**ella**	A	32
capace non **è**:	B	
fedel quanto b**ella**	A	
il cielo la f**e**'."	B	

(*Lorenzo Da Ponte, Così fan tutte, Atto I-Scena 1*)

4．六行詩節（Sestina）

最初の4行の脚韻が交代韻（ABAB）で、最後の2行が対韻（CC）からなる6行の詩節。

"Mentre a novo m'accingo arduo lav**oro**,	A	51
O Muse, voi da l'Eliconie c**ime**	B	
Scendete a me ch'il vostro aiuto impl**oro**:	A	

89

Datemi vago stil, carme sublime:	B
Antica lite io canto, opre lontane,	C
La Battaglia de' topi e de le rane."	C

(*Omero, Batracomiomachia, 1-1*: 翻訳 *Giacomo Leopardi*)

5．八行詩節（Ottava）

　11音節八行の詩節。最初の六行は交代韻（AB AB AB）、最後の２行が対韻（CC）である。オッターヴァ・リーマ（ottava rima）、あるいはオッターヴァ・トスカーナ（ottava toscana）とも呼ばれる。おそらくボッカッチョが使い始めた詩節と思われるが、アリオストやタッソなどのイタリア・ルネサンスの騎士道叙情詩（epico-cavalleresco）の伝統に基づくものである。

"Grato al re, più grato era alla figlia	A	52
quel cavallier chiamato Ariodante,	B	
per esser valoroso a maraviglia;	A	
ma più, ch'ella sapea che l'era amante	B	
Né Vesuvio, né il monte di Siciglia,	A	
né Troia avampò mai di fiamme tante,	B	
quanto ella conoscea che per suo amore	C	
Ariodante ardea per tutto il core.	C	

(*Ludovico Ariosto, Orlando Furioso V, 18*, ヘンデルが作曲した "*Ariodante*" というオペラが、それは第 *V-IV* 歌から採用されたのである)

　交代韻だけの脚韻の詩節からなる、シチリアのオッターヴァ（**ottava siciliana**）と呼ばれるかなり古風な詩節を持つものもある。

"Stu pettu è fattu cimbalu d'amuri,	A	52
Tasti li sensi mobili e accorti	B	
Cordi li chianti suspiri e duluri	A	
Rosa è lu cori miu feritu a morti	B	
Strali è lu ferru chiai so li miei arduri	A	
Marteddu è lu pensieri e la mia sorti.	B	
Mastra è la donna mia, ch'ha tutti l'huri	A	
Cantando canta leta la mia morti.	B	

(毒ぐもに噛まれた人のためによく歌われた1600年代の歌の一つ)

　次の例はダ・ポンテの八行詩節である。

"Tutti accusan le donne, ed io le sc**uso**	A
se mille volte al dì cangiano am<u>ore</u>;	B
altri un vizio lo chiama ed altri un **uso**:	A
ed a me par necessità del c<u>ore</u>,	B
L'amante che si trova alfin del**uso**	A
non condanni l'altrui, ma il proprio err<u>ore</u>;	B
giacché, giovani, vecchie, e belle e brutte,	C
ripetetel con me: "Così fan tutte!".	C

42 詩節

(*Lorenzo Da Ponte, Così fan tutte, Atto II-Scena 13*)

6．ラッサ（Lassa）

　中世フランスの詩に起源を持つ。ラッサは同質の詩行が次々と流れるように積み重なって、普通は単一脚韻の詩型をつくる。各詩行が進行するにつれて次第に意味が完結していく。ラッサの主目的は一つの観念を伝達することであるから、聞き手の注意をその一点に集中しようとする。そうした意味では、ドニゼッティの《ドン・パスクアーレ》のノリーナのカヴァティーナはラッサの一つだといえよう。

"Quel guardo il cavali**ere**　　　　　　　　　　53
in mezzo al cor trafi**sse**
piegò il ginocchio e di**sse**:
- Son vostro cavali**ere** -
E tanto era in quel guardo
sapor di paradiso,
che il cavalier Riccardo,
tutto d'amor conquiso,
giurò che ad altra mai
non volgeria il pensier. ◆

(*Giovanni Ruffini, Don Pasquale, Atto I, Scena*)

《愛の妙薬》のアディーナのカヴァティーナと《ドン・ジョヴァンニ》のカタログのアリアの後半部分もラッサと考えてよいかもしれない。

7．現在の歌（Canzoni moderne）

　1800年末以降の詩がたとえ無韻詩や自由詩になり、私たちがここまで学んできた厳しい規則にこだわらなくなったとしても、韻律や、とくに脚韻はポピュラ

一・ソングにおいても、とりわけ詩形にのっとった歌では今日でも生きている。いくつかの例を挙げ、イタリアの言語は、その音楽性がいかに韻律に結びついてきたかをお見せするために、筆者の大好きな、積極的に社会参加した一人のシンガーソング・ライターを例に紹介してみよう。ジョルジョ・ガーベル（Giorgio Gaber）であるが、1970年代以来非常に人気があり、すでに故人となった今でもその歌は愛唱されている。

ジョルジョ・ガーベル："La libertà"（自由）
十一音節詩行交代韻のリトルネッロがついている。

 Vorrei essere libero, libero come un uomo.
 Vorrei essere libero come un uomo.
 Come un uomo appena nato che ha di fronte solamente la nat**ura**
 e cammina dentro un bosco con la gioia di inseguire un'avvent**ura**,
 sempre libero e vitale, fa l'amore come fosse un animale,
 incosciente come un uomo compiaciuto della propria libertà.

 La libertà non è star sopra un alb**ero**,
 non è neanche il volo di un mosc**one**,
 la libertà non è uno spazio lib**ero**,
 libertà è partecipazi**one**.

 Music by Giorgio Gaber
 Lyrics by Alessandro Luporini
 © Copyright 1974 by Edizioni Curci S.r.l - Milan, Italy
 Permission granted by Shinko Music Publishing Co., Ltd.
 Authorized for sale in Japan only.

ジョルジョ・ガーベル："Lo Shampoo"（シャンプー）
六行詩節交代韻で、最後の２行だけが対韻になっている（AB AB CC）。

 Una brutta giorn**ata**
 chiuso in casa a pens**are**,
 una vita sprec**ata**,
 non c'è niente da f**are**
 non c'è via di sc**ampo**,
 quasi quasi mi faccio uno sh**ampo**o.
 Uno shampoo?

詩節

Una strana giorn**ata**,
non si muove una f<u>oglia</u>,
ho la testa ovatt**ata**,
non ho neanche una v<u>oglia</u>,
non c'è via di sca̍m̍po̍:
sì, devo farmi per forza uno sha̍m̍po̍o̍.

  Music by Giorgio Gaber
  Lyrics by Alessandro Luporini
  © Copyright 1974 by Edizioni Curci S.r.l – Milan, Italy
  Permission granted by Shinko Music Publishing Co., Ltd.
  Authorized for sale in Japan only.

このほか、子供の歌にもしばしば韻律が守られている。

Capitolo VII

イタリア古典詩における最も一般的な詩の型

FORME METRICHE PIÙ COMUNI NELLA POESIA CLASSICA ITALIANA

Un giorno nel fango mortale,
perdemmo il tripudio dell'ale,
l'aureola di luce e di fior;
ma sciolti dal lugubre bando,
pregando, cantando, danzando,
torniamo fra gli angioli ancor.
La danza in angelica spira
si gira, si gira, si gira.

イタリア古典詩における最も一般的な詩の型 (Forme metriche più comuni nella poesia classica italiana)

1．バッラータ (Ballata)

　バッラータは歌いながら踊ることを目的としていたために「踊るためのカンツォーネ」(canzone a ballo) とも言われた。民衆詩の代表的な韻律であり、音楽のための詩であった。文字どおり「踊られる」(ballata) という意味を持つバッラータは中世に生まれたものではあるが、その基本的なスタイル（歌、踊りなど）はすでに古代にあった。ホメロス (Omero 前八世紀ころのギリシャの詩人) のイリアス (Iliade, XVIII, 569-572) やウェルギリウス (Virgilio 前70–前19のローマの詩人) のアエネウス (Eneide, VI, 643) という作品でこのことが証明されている。バッラータは愛に触発された作品で、歴史的には、異民族支配時代のローマでも流行した古代のコーリ (Chori) や カンティレーナ (Cantilena) といった歌に結びついている。

　バッラータの最初の形態は、ザジャレスカ (zagialesca) といわれるアラビア－スペイン起源の詩で、韻律は非常に素朴であった (aaax)。その形態が、たとえばヤコポーネ・ダ・トーディ (Jacopone da Todi 1233 ca. –1306) の "Donna del Paradiso" にみるように、次第にラウダ (Lauda) に取り入れられていったのである。

　本来の古いバッラータは音楽で伴奏されるだけではなく、踊り手によって踊られもした。

　バッラータの韻律構成はイタリア的特徴をよく表しているが、13世紀半ば頃に現れて、カヴァルカンティ (Cavalcanti 1255 ca. –1300) やペトラルカ (Petrarca 1304-74) といった新清体派 (Stilnovismo) の詩人によって完成された。この様式はカンツォネッタ (Canzonetta)、カリボ (Caribo)、音楽によるフロットラ (Frottola musicale)、ラウダ (Lauda)、ロンド (Rondò) といった他の作品にも影響を与え、1400年に最盛期を迎える。

　古い形式のバッラータにはダンサーが加わった。
　－ 詩節 (strofe または stanze) は十一音節詩行と七音節詩行でできており、カンツォーネの構造に非常に近い。しかし歌と輪舞を伴うことにより、独特の韻律上の規則をもっていた。
　－ つまり、導入部にリトルネッロ (ritornello) と呼ばれる反復句の詩節があ

り、次のソリストが歌うスタンツァ（stanza）と呼ばれる詩節が 一つないしそれ以上続いた。各詩節にはリトルネッロが反復して現れる。リトルネッロはリプレーザ（ripresa ラテン語の responsorium）と呼ばれ、曲の最後を締めくくるリトルネッロは合唱で歌われる。

- イタリア型の場合は、スタンツァは二つの部分から成り、第一スタンツァはピエーデ（piede）あるいは ムタツィオーニ（mutazione）と呼ばれる二つの部分に分かれる。この二つの部分 ピエーデ（ムタツィオーニ）は詩行の数が同じで、同じタイプの脚韻を持つ。
- 第二の詩節はヴォルタ（volta）と呼ばれ、それぞれの詩行の脚韻がピエーデ（ムタツィオーニ）とリプレーザに呼応する。
- 結果的に、バッラータのスタンツァはみな同じ脚韻で終ることになる

輪舞の動きはどうなっているかというと、冒頭リプレーザで右にひと回りし、最初のピエーデで左に半回り、第二のピエーデで右に半回り、ヴォルタで左にひと回りするという動きであったらしい。

RITORNELLO			Questa fanciull' Amor, fàllami pia	A
			Che m'ha ferito 'l cor ne lo tuo via.	A
STANZA	1 Mutazione		Tu m'a', fanciulla, sì d'amor percosso,	B
	(Piede)		Che solo in te pensando trovo posa.	C
	2 Mutazione		E'l cor di me da me tu ài rimosso	B
	(Piede)		Co gl'occhi belli et la fage gioiosa.	C
	Volta		Però al servo tuo, deh, sie pietosa:	C
			Mercè ti chieggo alla gran pena mia.	A
RIPRESA			Questa fanciull' Amor, fàllami pia	A
			Che m'ha ferito 'l cor ne lo tuo via.	A
STANZA	1 Mutazione		Se non soccorri alle dogliose pene,	D
	(Piede)		Il cor mi verrà meno che tu m'a' tolto.	E
	2 Mutazione		Che la mia vita non sente ma' bene,	D
	(Piede)		Se non mirando 'l tuo veçoso volto.	E
	Volta		Da poi fanciulla che d'amor m'a involto	E
			Priego ch'alquanto a me benigna sia.	A

(*Francesco Landini*)

1800年初期にはロマンティック・バッラータという、物語ふうのドラマティックなバッラータがイタリアでも大変流行した。　このバッラータは身ぶりをつけた物語で、しばしば対話もなされ (dialogata)、物語は現在形、歴史的現在形 (presente storico)、あるいは過去形で進行する。　詩人は、この第三者の語る物語の推移に情熱的に参加する。ロマンティック・バッラータとオペラの間には非常に密接な関係 (legame) がある。オペラの台本では、バッラータは、物語を観客に紹介しながら語りかけるという非常に重要な働きをバッラータが行っている。次の音楽の断片はバッラータと考えることができるだろう。

"Deserta sulla terra" (*Il trovatore, Atto I, Scena 3*)

"Di due figli vivea padre beato" (*Il trovatore, Atto I, Scena 1, N. 1 introduzione*)

"Abbietta zingara, fosca vegliarda" (*Il trovatore, Atto I, Scena 1, N. 1 introduzione*)

"Stride la vampa" - la folla indomita" (*Il trovatore, La Gitana, Scena 1*)

"Condotta ell'era in ceppi, al suo destin tremendo" (*Il trovatore, Atto I, Scena 1*)

"Questa o quella per me pari sono" (*Rigoletto, Atto I, Scena 1*)

"Fin ch'an dal vino" (*Don Giovanni, Atto I, Scena 15*)

"Di', tu se fedele!" (*Un ballo in maschera, Atto I, Scena 10*)

"Il segreto per essere felici" (*Lucrezia Borgia, Atto II, Scena 4*)

2．祝宴の歌（Brindisi）

これは詩的・音楽的形式をもつ歌で、祝杯をあげる饗宴の場を対象に、1500年頃からそうした場で朗詠したり歌われたりするようになった。それらの例をオペラの場面から例挙するのはたやすい。

"Come par che qui prometta" (*Così fan tutte, Atto II, Scena 16*)

"Allegri!... beviamo! - Nel vino cerchiamo" (*Ernani, il bandito, Scena 1*)

"Libiam ne' lieti calici" (*La traviata, Atto I, Introduzione*)

"Tocchiamo, beviamo a gara, a vicenda" (*La gazza ladra, Atto I, Scena 5*)

"Viva il Madera! Evviva" (*Lucrezia Borgia, Atto II, Scena 4*)

"Si colmi il calice di vino eletto" (*Macbeth, Atto II, Scena 5*)

"Innaffia l'ugola! trinca, tracanna!" (*Otello, Atto I, Scena 1*)

"Viva il vino spumeggiante" (*Cavalleria rusticana, Scena 10*)

3．カンツォーネ（Canzone）

　プロヴァンス起源の詩（Cansón）である。プロヴァンス人には抒情詩の代名詞となっているほどで、この詩は、詩（ver）としても音楽（son）としても非常に多く作られた。プロヴァンスの詩人たちが押し並べて用いたこの形式は、その後シチリアの詩人たちにも用いられるようになり、ペトラルカも大いに好んだ。自由カンツォーネ、またはカンツォーネ・レオパルディアーナ（Canzone leopardiana）と呼ばれる形式もある。この起源はアレッサンドロ・グイーディ（Alessandro Guidi 1650-1712）に遡るが、グイーディのカンツォーネは詩節が分離しておらず、詩行数も詩節の構造もまちまちで、形態としては非常に自由である。ジャコモ・レオパルディ（Giacomo Leopardi 1798-1837）は、もちろんペトラルカ形式のカンツォーネも作っているが、このグイーディの形態に基づいて、誰よりもその自由さを見事に表現している。

- カンツォーネの 詩節（stanza あるいは strofe）は十一音節詩行と七音節詩行からなり、詩節数はさまざまであるが長くても4〜6行である。

　　スタンツァ（stanza）は構造的には次のように主要な二部分に分かれている：

　　　a）フロンテ（fronte）と呼ばれる前半。これは二つのピエーデ（piede）からなり、脚韻も詩行も同じタイプの二部分構成になっている。

　　　b）これにスィルマ（sirma）と呼ばれる後半部分が続く。これはコーダである。

- 1200年代のカンツォーネでは、詩節がこれとは違った二つの部分に分割されていた。

　　前半も後半も二部分に分かれ、それぞれがヴォルタ（volta）と呼ばれた。

　　つまり1200年のカンツォーネは、詩節が四分割されていることになる。

　フロンテの最後の詩節とスィルマの最初の詩節は同一の脚韻によって結ばれる。これは、キアーヴェ（chiave）、あるいはディエーズィ（diesi）と呼ばれる。例えば "Chiare, fresche e dolci acque" では abC/abC/cdee/DfF となり、キアーヴェは第6行と第7行目にある。

　最後の詩節（普通は一番短い）はコンミアートとかコンジェード（commiato, congedo「いとまごい」の意。プロヴァンスでは tornada）と呼ばれる。あたかも詩人が、恋人や聴衆に向けて送った自分の言葉から「お別れ」するような感じだからである。

1a STANZA		
FRONTE	1o PIEDE	Vergine bella, che di sol vestita,
		coronata di stelle, al sommo Sole
		piacesti sì, che 'n te Sua luce ascose,
	2o PIEDE	amor mi spinge a dir di te parole:
		ma non so 'ncominciar senza tu' aita,
		et di Colui ch'amando in te si p**ose**.
SIRMA (CODA)		Invoco lei che ben sempre risp**ose**,
		chi la chiamò con fede:
		Vergine, s'a mercede
		miseria extrema de l'humane cose
		già mai ti volse, al mio prego t'inchina,
		soccorri a la mia guerra,
		bench'i' sia terra, et tu del ciel regina.
2a STANZA		
FRONTE	1o PIEDE	Vergine saggia, et del bel numero una
		de le beate vergini prudenti,
		anzi la prima, et con più chiara lampa;
	2o PIEDE	o saldo scudo de l'afflicte genti
		contra colpi di Morte et di Fortuna,
		sotto 'l qual si trïumpha, non pur sc**ampa**;
SIRMA (CODA)		o refrigerio al cieco ardor ch'av**ampa**
		qui fra i mortali sciocchi:
		Vergine, que' belli occhi
		che vider tristi la spietata stampa
		ne' dolci membri del tuo caro figlio,
		volgi al mio dubbio stato,
		che sconsigliato a te vèn per consiglio.
CONGEDO		Raccomandami al tio figliol, verace
		homo et verace Dio,
		ch'accolga 'l mïo spirto ultimo in pace.
		(Francesco Petrarca, Canzoniere CCCLXVI)

オペラでは、実際はバッラータであるが、カンツォーネと称されているアリア

がたくさんある。たとえば "Di' tu sei fedele/il flutto aspetta" (*Un ballo in maschera, Atto I, Scena 10, N. 11*) はカンツォーネといわれているが、韻律的にみればバッラータである。

一方 "Saper vorreste" (*Un ballo in maschera, Atto III, scena 8*) は、ふざけて説き明かす（scherzoso-illustrativo）ような歌詞内容になっているのでバッラータという言葉のほうがよりふさわしいだろう。ヴェルディが "La donna è mobile" (*Rigoletto, Atto III, Scena 2*) をカンツォーネと呼んだのは正しい。なぜならば、公爵はこの曲を自分勝手に歌っているだけであって、バッラータに典型的な、聴き手を意識した感情の誇示ではないからである。

4．フロットラ (Frottola)

音楽分野ではフロットラは、15世紀から16世紀初頭にかけてのイタリアの主たる世俗的歌曲であった。

この曲のテーマの際立った特徴は、短い格言（massima）や道徳的思考（considerazione morale）を繰り返して警句を綴っていくことにある。

- 作品は3声ないし4声で、主旋律は最上声にある。声はときに楽器で伴奏されることもある。
- 詩は ABBA 型の脚韻をもつ4行からなるリプレーザと、それに続くスタンツァからできている。最初のスタンツァの脚韻は CDCDDA（または CDCDDEEA）
- 通常フロットラの音楽はホモフォニック（musica omofonica）で、ホモリズミックな和声的進行が反復される。

演奏（esecuzione）は次のように行われた。
- 4つの声部（Superius または Cantus, Altus, Tenor, Bassus）は歌手によって歌われる。
- または最上声部（Superius または Cantus）をソリストが歌、バスが和声を支える基礎となる。テノールとアルトは和声を充填する。この3声部は楽器で奏される。

フロットラの最も有名な作曲家はバルトロメーオ・トロンボンチーノ（Bartolomeo Tromboncino, 1470 ca. –1535以後）とマルケット・カーラ（Marchetto Cara 1470頃 –1525頃）である。フロットラは後述するマドリガーレだけでなく、軽快に踊ることもできる民衆のシャンソン・フランチェーゼ（chanson francese）にも多大な影響を与えた。ここにバルトロメーオ・トロン

ボンチーノの **"Ostinato vo' seguire"** を例に挙げてみよう。

    Ostinato vo' segu**ire**
    la magnanima mia impr**esa**
    fame, Amor, qual voi off**esa**
    s'io dovessi ben mor**ire**
    ostinato vo' segu**ire**
    la magnanima mia impr**esa**.
    Fa me ciel, fame fortuṅa
    bene o mal come a te piaċe
    né piacer né ingiuria alcuṅa
    per avilirmi o far piu audaċe
    ché de l'un non son capaċe
    l'altro piu non po fug**ire**.
    Vinca o perda io non att**endo**
    de mia impresa altro che hon~~ore~~
    sopra il ciel beato asc**endo**
    s'io ne resto vincit~~ore~~
    s'io la perdo alfin gran c~~ore~~
    mostrarà l'alto des**ire**.

5．1500年代のマドリガル（Madrigale del cinquecento）

　1500年代のマドリガーレは十一音節詩行と七音節詩行の自由な形式であった。脚韻も自由であり、必ずしもすべての詩行で韻を踏まれているというわけではない。1300年代のマドリガーレの場合と同様に音楽のための詩形ではあるが、歌詞と音楽の結びつきはさまざまあり、マドリガーレでない歌詞にも音楽はつけられる。たとえばソネット（sonetto）やカンツォーネ（canzone）の詩節、プロヴァンス風セスティーナ（sestina provenzale）、抒情的オッターヴァ（ottava lirica）などである。だから必ずしもマドリガーレだけが作曲されるための詩形であったということではない。抒情的な愛（lirico-amoroso）の表現を主軸としてマドリガーレが爛熟期を迎えるのは、ルーカ・マレンツィオ（Luca Marenzio, 1553/4 -1599）、カルロ・ジェズアルド・ダ・ヴェノーザ（Carlo Gesualdo di Venosa, 1560頃．-1613）、クラウディオ・モンテヴェルディ（Claudio Monteverdi, 1567-1643）の時代である。その後マドリガーレの声部は次第に単旋律とコンティヌオ（continuo）だけになっていき、いわゆる「歌って朗唱す

る」レチタール・カンタンド（recitar cantando）を準備するのである。オペラの中ではマドリガーレは古代風のシーンを構成したり、表現の雰囲気に風格を持たせたりする場面に用いられる。たとえば **Monteverdi** の "Rosa del ciel, gemme del giorno, e degna"（*Orfeo, Atto I, Scena unica*）や、"In un fiorito prato"（*Orfeo, Atto II, Scena unica*）、また **Puccini** の "Sulla vetta tu del monte / erri, o Clori"（*Manon Lescaut, Atto II, Scena unica*）などの例を挙げることができる。

- 形式の主要な要素は七音節詩行である。
- 歌詞は短いほうがよく、したがって詩行は通常11行か12行である。ソネットの詩行より少ない。

例としてミケランジェロのマドリガーレを挙げてみよう（Michelangelo）。

 Non mi posso tener né voglio, Am**ore**,
 crescendo il tuo fur**ore**,
 ch'i' nol te dica e gi**uri**:
 quante più inaspri e 'nd**uri**,
 a più virtù l'alma consigli e spr**oni**;
 e se talor perd**oni**
 a la mia morte, agli angosciosi pi**anti**,
 com'a colui che mu**ore**,
 dentro mi sento il c**ore**
 mancar, mancando i miei tormenti t**anti**.
 Occhi lucenti e s**anti**,
 mie poca grazia m'è ben dolce e c**ara**,
 c'assai acquista chi perdendo imp**ara**.

次にあげるのは、ジョヴァンニ・ピエルルイージ・パレストリーナのマドリガーレである（Giovanni PierLuigi Palestrina）。

 Alla riva del Tebro
 giovanetto vid'io vago past**ore**
 mandar tai voci fu**ore**:
 Saziati, o cruda D**ea**,
 della mia acerba e r**ea**,
 ma dir non puote: m**orte**,
 ch'il duol l'ancise, Ahi miserabil s**orte**!

6．1300年代のマドリガル（Madrigale trecentesco）

　出生は民衆起源（origine popolare）であったが、古くからマドリガーレと呼ばれており、ペトラルカをはじめとする詩人たちによって、一定の決まりを持つ韻律形態が作りだされていった。主題の内容としては愛のテーマが好まれた。マドリガーレの第一の特徴は非常に高い音楽性である。ペトラルカは「カンツォニエーレ」の中にマドリガーレを四回、それぞれ異なる韻律形態で書いている。マドリガーレの第二の特徴は、それのもつ優れた音楽性にある。そのために音楽を付ける詩として広く流行した。音楽的には、「2声あるいは3声のイタリアの歌」(canto italiano a due o tre voci) としてポー川流域の諸宮廷で好んで演奏されたものである。

- 11音節（endecasillabo）8行詩であることが多い（しかし14行にまでなることもある）。さまざまな型で押韻される三行詩節（terzina）が二つのグループになり、その後に対韻（baciata）で押韻される2行の詩節（distico）がコーダとしてつくのが普通であった。
- マドリガーレのごく普通の脚韻の型は、ABA　BCB　CCの型である。

　ここにヤコポ・ダ・ボローニャ（Jacopo da Bologna, 1340以前-1360の作曲家）の3声のマドリガーレの例を挙げよう。テノール、コントラテノール、最上声部という3声のマドリガーレとして作曲され、メロディーを受け持つ最上声部がテノールによって支えられている。ここに挙げたバージョンは、ロンバルディアに最も近い環境で書かれているので、フィレンツェ風の上品さには欠けている。

I' senti ça l'archo d'am**ore**	A
cum gran vigor el so strale di s<u>era</u>	B
che non se sfera may da çentil c**ore**.	A
Dal tempo novo en fin dove 'l declinà	C
Ne sta la spina en l'amorosa mentè	D
e sente dal bel visso pelegrinà.	C
Or sun tornato el mio segnor m'af**ida**	E
pur che retorni a la sua dolçe gu**ida**.	E

　もう一つの例。

Non al suo amante più Diana pi**acque**,	A
quando per tal ventura tutta ign<u>uda</u>	B

la vide in mezzo de le gelide **acque**,	A
ch'ha me la pastorella alpestra et <u>cruda</u>	B
posta a bagnar un leggiadretto velo,	C
ch'a l'aura il vago et biondo capel <u>chiuda</u>;	B
tal che mi fece, or quand'egli arde 'l cielo,	C
tutto tremar d'un amoroso gielo.	C

(Francesco Petrarca, Canzoniere N. 52, musicato da Sebastian Festa, altri)

7．オペラ（Melodramma）とカンタータ（Cantata）

　メロドランマ（melodramma）とは ギリシャ語で「歌と演技」を意味し、つまりはオペラのことである。オペラはメタスタジオ（Metastasio）の理念に基づき、十一音節詩行（endecasillabo）と七音節詩行（settenario）から成る自由な形のレチタティーヴォ（recitativo）と、アリアと呼ばれる部分から成っている。アリアの型は形式的には短く、通常は２節からできていて、それが一つないしそれ以上の脚韻によって関連づけられている。しかしアリアはオーデ・カンツォネッタ（ode-canzonetta）のこともあり、事実メタスタジオによって書かれたアリアは、オーデ・カンツォネッタの長大な作品となっている。

　バロック音楽に典型的なカンタータ（Cantata）も、構成は melodramma と同じである。しかしカンタータは演劇的（drammatico）要素よりも抒情的（lirico）な要素が強く、レチタティーヴォとアリアがデゥエットや合唱も含めてさまざまに組み合っている。イタリアではカンタータは世俗的（profano）な作品で、主題は宗教的であることもあるが、通常は神話や道義的な内容のものである。しかしドイツでは特に宗教的であることが多い。カンタータの起源は1500年代のイタリアのマドリガーレの時代にさかのぼる。カンタータという語を初めて使ったのは1620年のアレッサンドロ・グランディ（Alessandro Grandi, 1586-1630）であった。しかし最初に作品のタイトルとして「室内カンタータ（Cantate da camera）」と命名（1670年）したのはボノンチーニ（Giovanni Bononcini, 1670-1747）であるといわれている。18世紀になると劇的カンタータ（cantata drammatica）というものが人気を得た。イタリアの優れたカンタータ作曲家としては、ジャコモ・カリッシミ（Giacomo Carissimi 1605-1678）、800曲以上ものソロ・カンタータや数多くのオーケストラ伴奏つきカンタータを残したアレッサンドロ・スカルラッティ（Alessandro Scarlatti 1660-1725）、アントーニオ・ヴィヴァルディ（Antonio Vivaldi 1678-1741）などがいる。最高のカンタータ作

曲家はヨハン・セバスティアン・バッハ（Johann Sebastian Bach 1685-1750）であろう。バッハは200曲あまりもの宗教カンタータを書き、"世俗"（secolare）カンタータと呼ばれる優れたカンタータも残している。

ここにバッハの、ソプラノ、フルート・トラヴェルソ、弦、コンティヌオのカンタータ "Non sa che sia dolore" を挙げておこう。

1. Sinfonia
2. Recitativo

    Non sa che sia dolore

    Chi dall'amico suo parte e non more.

    Il fanciullin' che plora e geme

    Ed allor che più ei teme,

    Vien la madre a consolar.

    Va dunque a cenni del cielo,

    Adempi or di Minerva il zelo.

3. Aria

    Parti pur e con dolore

    Lasci a noi dolenti il core.

    La patria goderai,

    A dover la servirai;

    Varchi or di sponda in sponda,

    Propizi vedi il vento e l'onde.

4. Recitativo

    Tuo saver al tempo e l'età contrasta,

    Virtù e valor solo a vincer non basta;

    Ma chi gran ti farà più che non fusti

    Ansbaca, piena di tanti Augusti.

5. Aria

    Ricetti gramezza e pavento,

    Qual nocchier, placato il vento

    Più non teme o si scolora,

    Ma contento in su la prora

    Va cantando in faccia al mar.

8．オーデ（Ode）

　これは愛や世俗の事柄、または愛国的な事柄や道徳的な事柄を音楽を基に綴った抒情的な作品である。韻律的構造は非常に複雑で多様である。古典的オーデの構造は、一つの詩節（strofa）と、それに答える応答詩節（antistrofa）、そして最終詩節（epodo）という三部構造である。

　次に挙げる例は **Rossini** の "**L'italiana in Algeri**" 第2幕第11場の茶番的な（farsesco）話から取り出した "**Pensa alla patria, e intrepido**" であるが、「愛国的オーデ」（Ode-inno）の効果を思い切り出した場面である。

　事実、当時の検閲は、これをロッシーニの愛国的宣言と解釈したほどであった。

ISABELLA	Pensa alla patria, e intrepido
	il tuo dover adempi:
	vedi per tutta Italia
	rinascere gli esempi
	d'ardire e di valor.
	（a Taddeo）
	Sciocco! tu ridi ancora?
	Vanne, mi fai dispetto.
	（a Lindoro）
	Caro, ti parli in petto
	amor, dovere, onor.
	Amici in ogni evento...
CORO	Andiam. Di noi ti fida.
ISABELLA	Vicino è già il momento...
CORO	Dove a te par ci guida.
ISABELLA	Se poi va male il gioco...
CORO	L'ardir trionferà.
ISABELLA	Qual piacer! Fra pochi istanti
	rivedrem le patrie arene.
	（Nel periglio del mio bene
	coraggiosa amor mi fa.）
CORO	Quanto vaglian gl'Italiani
	al cimento si vedrà.

イタリア古典詩における最も一般的な詩の型

9．オーデ・カンツォネッタ あるいは アナクレオン体のカンツォネッタ
(Ode-canzonetta o Anacreontica)

　これは恋愛や酒宴を題材とした、短い詩行が支配的な構成の詩である。アナクレオン体（anacreontide）という名は、紀元前6世紀のギリシャの詩人アナクレオン（Anacreonte）にちなんだ名であるが、イタリアやフランスの詩でアナクレオン体と呼ばれていたものは、短いオードやカンツォネッタの類であった。そうした詩体が、ギリシャ・ローマ時代の詩を代表するアナクレオンのスタイルやテーマに触発されたものだと思われており、1544年にフランスでこの類の詩が出版されると、これこそアナクレオンに帰着するものだ、と根拠もなく考えられたのである。

　いずれにしてもイタリアでオーデ・カンツォネッタを発展させたのはキアブレーラ（Chiabrera 1552-1638）であった。彼はその時代のフランス抒情詩の詩人ロンサール（Ronsard 1524頃-1585）や、フランス七星詩派（プレイアードPléiade）を手本にアナクレオン体の詩を発展させた。七星詩派は単純な構成の短い詩行の詩節を好み（11音節が1詩行現れると、すぐ次に短い1詩行が続かなければならない）、偶数詩行（parisillabo）も含めてあらゆる音節詩行の可能性を考えた。ペトラルカ風のカンツォーネと違うところは、詩節内部がピエーデやスィルマに分かれていないこと、スタンツァの行数や型はシンメトリーにならなければいけないが、スタンツァ自体がペトラルカのそれよりも短いことである。

－ 有節形式で、各スタンツァとも同じ行数を持つ。
　　a. 音節の決まり（同じ音節数の詩行が同じ順序で並ぶ）。
　　b. 同じ脚韻の型をとる。
－ 主に1670年頃から1770年頃まで、オペラのアリアでは概して2詩節を持ち、韻律的にはオーデ・カンツォネッタの形をとった。
－ 原則として、各スタンツァの最後の詩行はなるべく韻を合わせる（最後の詩行はトロンコであることが多い）。
－ 詩行は短いものが好まれ、どんな韻律型がどう結合されようとかまわない。
－ 行末は、ピアーノは当然だがズドゥルッチョロもトロンコもよい。

　　　　　Se il mio paterno am**ore**　　　　a
　　　　　sdegna il tuo cuore alt__ero__,　　　b
　　　　　più giudice sev__ero__　　　　　　b
　　　　　che padre a te sarò.　　　　　　x
　　　　　E l'empia fellonia　　　　　　　c
　　　　　che forse volgi in m**ente**,　　　　d

```
            prima che adulta sïa                    c
            nascente opprimerò.                    x
```

(*Pietro Metastasio, Siroe, re di Persia, musiche di Händel/Domenico Sarro*)

10. セスティーナ・リーリカ（Sestina lirica）

これはプロヴァンスのトロバール・クラ（trobar clus）の詩人アルノー・ダニエル（Arnaut Daniel 12世紀の吟遊詩人）が着想した詩形である。ダンテによってはじめてとり上げられ、ペトラルカがイタリアの抒情詩（lirico）の伝統の中にとり入れた。ペトラルカは彼のカンツォニエーレにこの詩形の詩を9作も入れている（そのうちの一つは12詩節からなる二重セスティーナになっている）。

- それぞれの詩節が十一音節詩行6行からなる不可分の六つの詩節で構成され、最後に結びのコンジェード（congedo）が3行付く。

    a. 詩節の中ではどの詩行も押韻しないが、次に続く詩節では脚韻が循環して、どの行も同じ韻を踏むようになっている。

    b. 脚韻はすべて単語韻（parole-rima）である。つまり詩行それぞれがすべて同じ単語で終る。

    c. 詩行の単語韻の位置は、修辞的交差移行（retrogradazione incrociata）という難しい中世の技法にしたがって循環する。すなわち各詩節の各行は、6°- 1°- 5°- 2°- 4°- 3°という順番で、先行する詩節の各行に一致するのである。文字で示せば ABCDEF FAEBDC CFDABE ECBFAD DEACFB BDFECA となる。だから通則は、6 - 1 - 5 - 2 - 4 - 3 という一揃いの数字順ということになり、パオロ・カネッティエーリ（Paolo Canettieri ローマ大学教授）の言葉を借りれば、サイコロの各面を順に見せていくような技法である。

    d. 結びの3行のコンジェードには、再び6つの単語韻が全部出てくる。三つは各行末に、あとの三つは詩行の中に、という具合に出てくるのである。

```
STANZA    Al poco giorno e al gran cerchio d'ombra,    A   Ombra   1
          son giunto, lasso, ed al bianchir de' colli,  B   Colli   2
          quando si perde lo color ne l'erba:          C   Erba    3
          e 'l mio disio però non cangia il verde      D   Verde   4
          sì è bardato ne la dura petra                E   Petra   5
          che parla e sente come fosse donna.          F   Donna   6
```

STANZA	Similemente questa nova donna	F	Donna	6
	si sta gelata come neve a l'ombra:	A	Ombra	1
	ché non la move, se non come petra,	E	Petra	5
	il dolce tempo che riscalda i colli	B	Colli	2
	e che li fa tornar di bianco in verde	D	Verde	4
	perché li copre di fioretti e d'erba.	C	Erba	3
STANZA	Quand'ella ha in testa una ghirlanda d'erba	C	Erba	3
	trae de la mente nostra ogn'altra donna:	F	Donna	6
	perché si mischia il crespo giallo e 'l verde	D	Verde	4
	sì bel, ch'Amor lì viene a stare a l'ombra,	A	Ombra	1
	che m'ha serrato intra piccioli colli	B	Colli	2
	più forte assai che la calcina petra.	E	Petra	5
STANZA	La sua bellezza ha più vertù che petra	E	Petra	5
	e 'l colpo suo non può sanar per erba	C	Erba	3
	ch'io son fuggito per piani e per colli,	B	Colli	2
	per potere scampar da cotal donna	F	Donna	6
	e dal suo lume non mi può far ombra	A	Ombra	1
	poggio né muro mai né fronda verde.	D	Verde	4
STANZA	Io l'ho veduta già vestita a verde,	D	Verde	4
	sì fatta ch'ella avrebbe messo in petra	E	Petra	5
	l'amor ch'io porto pur a la sua ombra:	A	Ombra	1
	ond'io l'ho chesta in un bel prato d'erba	C	Erba	3
	innamorata com'anco fu donna,	F	Donna	6
	e chiuso intorno d'altissimi colli.	B	Colli	2
STANZA	Ma ben ritorneranno i fiumi a' colli,	B	Colli	2
	prima che questo legno molle e verde	D	Verde	4
	s'infiammi, come suol far bella donna,	F	Donna	6
	di me; che mi torrei dormire in petra	E	Petra	5
	tutto il mio tempo e gir pascendo l'erba	C	Erba	3
	sol per veder do' suoi panni fanno ombra.	A	Ombra	1
CONGEDO	Quantunque i **colli** fanno più nera **ombra**,			
	sotto un bel **verde** la giovane **donna**			
	la fa sparer, com'uom **petra** sott'**erba**.			

(これは12世紀のアルノー・ダニエルというトロヴァトーレ詩人の最初のセスティーナの一つだと思われるが、"Lo ferm voler qu'el cor m'intra" という歌であるが、ダンテが再構成したものである。ダンテはこれを『神曲』のプルガトーリオの、XXVI, vv, 115-148 歌として引用している。）

11. ソネット（Sonetto）

この名前はプロヴァンス語の sonet (suono, melodia) に由来し、一般には音楽伴奏つきで歌われるための詩歌を指していた。しかし韻律形態としてこの名で呼ばれる詩形はイタリア生まれであり、イタリア人の詩人が完全にプロヴァンス語で作詞した例は三つしかない。

- 11音節14行の構成である（本来は ABAB ABAB CDC CDC または CDE CDE）。
- 次のように二つの部分に分かれている。
    a. 第一部分　8詩行の（**ottava o ottetto**、あるいは **fronte** と呼ばれる）
    b. 第二部分　6詩行の（**sestina o sestetto**、あるいは **sirma** と呼ばれる）
- 1200年の新甘美様式（dolce stile nuovo）以来、第一部分の型は ABBA ABBA の閉鎖韻となり、この二つのスタンツァ各4行の間に関係があることが韻律的に示唆される。
- このために、ソネットは
    a. 二つの四行詩節（quartina）と
    b. 二つの三行詩節（terzina）で構成されていると考えることができる。

ソネットは最初フェデリーコⅡ世（Federico II, 1272-1337）の宮廷の詩人たちの間に定着し、その後イタリア抒情詩の伝統の主要な形態となった。創案者はおそらくシチリア派の創始者と考えられている詩人ヤコポ・レンティーニ（Jacopo Lentini 1210頃-1260頃）である。ダンテは彼を公証人（Notaro）と呼んだ。

ソネットが創案された時代は、詩行の構造が好んで"数占い的／秘伝的"（struttura numerologico/esoterica）な感覚をもって考えられた時代である。だからイタリアのソネットも、数を鍵に読むことができる。

- 四行詩節：4という数字は当時の人々にとっては大地を意味していた。つまり4は、大地の四つの軸点である。
- 三行詩節：3という数字は三位一体（Trinità）、すなわち天空完全を表していた。
- 14詩行：脚韻の理由で、奇数詩行で終る節は存在しえない。四行詩節、三行

詩節を繰り返すことによってちょうど"7"の数が現れる。この数字は宇宙を意味する。すなわち天空（3）と大地（4）の融合である。

ソネットはイタリア以外でも、スペイン文学、フランス文学、ドイツ文学、イギリス文学で好んで用いられた。とくにイギリス文学ではシェイクスピア、ミルトンがいる。ソネットはイタリア語以外の言語でも、しばしばソネットとしての韻律的構造を保っているが、その構造には変化がある。シェイクスピアがとり入れたイギリスの古典的ソネットは、三つの四行詩節と、結句としての一つの二行連句ディスティコ（Distico）から成っていた。

ここに **Jacopo Lentini** の ABAB ABAB CDE CDE という作品を挙げよう。

Amore è uno desi[o] che ven da' core
per abondanza di gran piacimento;
e li occhi in prima genera[n] l'amore
e lo core li dà nutricamento.　　　　　　　　4

Ben è alcuna fiata om amatore
senza vedere so 'namoramento,
ma quell'amor che stringe con furore
da la vista de li occhi ha nas[ci]mento:　　　　8

ché li occhi rapresenta[n] a lo core
d'onni cosa che veden bono e rio
com'è formata natural[e]mente;　　　　　　　11

e lo cor, che di zo è concepitore,
imagina, e [li] piace quel desio:
e questo amore regna fra la gente.　　　　　　14

次の形のソネットは、ABBA ABBA CDE EDC である。

Tanto gentil e tanto onesta pare　　　　　(a minore) (enjambement)
la donna mia quand'ella altrui saluta,　　(a minore)
ch'ogne lingua deven tremando muta
e li occhi non l'ardiscon di guardare.

Ella si va, sentendosi laudare,
benignamente d'umiltà vestuta;

```
    e par che sia una cosa venuta              (enjambement)
    da cielo in terra a miracol mostrare.

    Mostrasi si' piacente a chi la mira,       (a majore)
    che dà per li occhi una dolcezza al core,  (a majore)
    che 'intender no la può chi non la prova:

    e par che de la sua labbia si mova         (enjambement)
    uno spirito soave pien d'amore,
    che va dicendo a l'anima: Sospira
```
(*Dante Alighieri, da Vita Nova*)

ソネットのバリエーションとして最も一般的なものはコローナ（Corona）といわれるものである。これは同じ主題に基づいたいくつかのソネットを集めて形作られ、コローナと言われるものが出来上がる。たとえば14から15のソネットから作られたバリエーションで、各ソネットの最初の詩行だけを取って次々に新しいソネットを作って続けていくものや、各ソネットの最後の詩行が次のソネットの最初の詩行になって連なっていくものがある（このタイプの連鎖はロンド（rondò）に非常に近い。ロンドでは最初の詩節の最後の詩行が次の詩節の最初の詩行になるからである）。

12. ストランボット（Strambotto）

　ストランボットは、古くは口伝で広がったものと、作品として残されたものに区別される。内容的には愛を主題とした詩である。
　– ストランボットは11音節であるが、次のような二つの主要な型がある。
　　　a. ストランボット・シチリアーノ（strambotto siciliano）
　　　　これは11音節8行の詩で ABABABAB の交代韻を持ち、ときに子音韻のことがある。
　　　　　次に挙げる例は《カヴァッレリーア・ルスティカーナ》の中でトゥリッドゥが歌うストランボットである。これは ABABCDDC というバリエーションになっている。そして各四行詩節の詩行は語尾類音（omeoteleuto）で終る。すなわち各行の最終音節が常に同類の音になっている。

```
        O Lola c'hai di latti la cammisa,
        sì bianca e russa comu la cirasa,
```

> quannu t'affacci fai la vucca a r**isa**,
> biatu pi lu primu cu ti v<u>asa</u>!,
>
> 'Ntra la puorta tua lu sangu è spàsù,
> ma nun me 'mpuorta si ce muoru accìsù
> e si ce muoru e vaju 'n paradìsù
> si nun ce truovo a ttia, mancu ce tràsù.
>
> (*Cavalleria rusticana, Atto unico , Scena 1*)

  b. リスペット・トスカーノ（rispetto toscano）
     交代韻の4行詩節に対韻による一組の詩行がリプレーザとして二回続く。ABABABCC または ABABCCDD である。
     Giovanni Pascoli（1855-1912）の例を挙げよう。

> Lenta la neve fiocca, fiocca, fi**occa**.
> Senti: una zana dondola pian pi<u>ano</u>
> Un bimbo piange, il piccol dito in b**occa**;
> canta una vecchia, il mento sulla m<u>ano</u>.
>
> La vecchia canta: Intorno al tuo lettìnò
> c'è rose e gigli, tutto un bel giardìnò.
> Nel bel giardino il bimbo s'addormènta.
> La neve fiocca lenta, lenta, lènta.
>
> (*Orfano, da Myricae, musicato da Pietro Cimara*)

Capitolo VIII

オペラ

OPERA LIRICA

> Siam nimbi
> volanti
> dai limbi
> Nei santi
> splendori
> vaganti.
> Siam cori
> di bimbi,
> d'amori.
> Siam nimbi
> volanti
> dai limbi.

オペラ (Opera Lirica)

　オペラは演劇と音楽のジャンルに属するもので、舞台上の動作が器楽と歌の組み合わせによって成り立っている。メロドランマ (melodramma) あるいはオペラ・イン・ムジカ (opera in musica) という言葉もオペラの同義語である。

　歌詞を含む文学的テキストはオペラの台本 (libretto d'opera) といわれる。台本には歌われることになる言葉のほかに、ト書きや、時には前書き、注釈等も書き込まれている。

　台本は普通、台本作家 (librettista) が書く。最近のオペラでは台本が音楽ほどには重要視されない場合もあるが、長いオペラの歴史の中では、18世紀全般にいたるまで、台本は少なくとも音楽と同等に重要であった。

1. オペラのタイプ (I soggetti dell'opera)

Ⓐ　オペラ・セリア (Opera seria)

　オペラ・セリアは18世紀に大いに光彩を放ったが、セリアの観客と作曲家の関心は、歌手とその声の高い技巧にあった。オペラ・セリアは歴史的にはオペラ・ブッファに対置するものである。

Ⓑ　オペラ・ブッファ (Opera buffa)

　主として18世紀の中ごろにナポリで生まれ発展したものである。庶民階級 (ceto popolare) やブルジョア階級を代表するプロトタイプな人物が登場するのが特徴で、これらの人物は個性を持たず、一定の決まった型の役を演じた (assolvere)。だから素朴な人形劇 (marionetta) に見るような人物たちで、ずる賢い召使 (servo imbroglione) とか吝嗇な老人 (vecchio avaro)、また農民や羊飼いの娘に恋する良家の青年 (giovane di buona famiglia) といった、すべてコンメディア・デッラルテ (commedia dell'arte) から借りてきたものである。内容は主に日常の出来事に取材し、概して滑稽なものであったが、ときにはセンチメンタルであったり、実にグロテスクであったりもした。

Ⓒ　ドランマ・ジョコーゾ (Dramma giocoso)

　字義的には「面白ドラマ」ということになる。この種のものは、18世紀中ごろにイタリアで生まれたオペラのジャンルに属する。正式にこの名称を用いた最初の人はゴルドーニ (1707-1793) で、1748年のことである (La scuola moderna, ossia La maestra di Buon gusto, dramma giocoso per musica)。ちなみに筆者はゴルドーニが書いたオペラ台本で、"Drama giocoso per musica"あるいは単に"Dramma giocoso"と銘打たれたものを38作ばかり見つけた。一般にドランマ・ジョコーゾは、センチメンタルな、そして憐れみを誘いながら最後はハッピー・エンドする筋書きが多く、つまりはオペラ・セリアとオペラ・ブッファの中間に位置する種類のものである。例を挙げると、次のオペラなどはドランマ・ジョコーゾである。

Don Giovanni（*Wolfgang Amadeus Mozart*）

Così fan tutte（*Wolfgang Amadeus Mozart*）

Il matrimonio segreto（*Domenico Cimarosa*）

La scuola de' gelosi（*Antonio Salieri*）

Ⓓ　オペラ・セミセリア（Opera semiseria）

いわば「真面目で、しかもおどけたオペラ」とでもいうオペラで、セリアの人物や型やスタイルとブッファのそれとが混在する。半分真面目で半分滑稽な種類のオペラである。筋書きは、概して社会的身分の低い階層出身の一組の若者の不運を巡って展開し、あわや悲劇的結末になるかと思いきやハッピー・エンドするという類のものである。悪役（ruolo del malvagio）は貴族階級の人物ということに決まっており、社会的葛藤をも含み持っていたといえよう。例えば次のような例をあげることができる。

Nina pazza d'amore（*Giovanni Paisiello*）

La gazza ladra（*Gioachino Rossini*）

La sonnambula（*Vincenzo Bellini*）

Linda di Chamounix（*Gaetano Donizetti*）

Ⓔ　ファルサ（Farsa）

通常は一幕（atto unico）物の笑劇オペラであるが、ときにはいくつかのバレーを伴うこともある。短いだけでなくおどけていてテンポが速く、卑猥な語句なども含む茶番劇としてお勧めの作品であった。劇は人物によって展開されるというよりも、個性的とはいえない仮面役者や典型化されたコミックなシチュエーションの組み合わせで構成された。楽器伴奏つきの短い歌やレチタティーヴォを伴っていたが、財政状況のあまりよくない小さな劇場向きの出し物で、合唱はほぼ完全に使用されず、場面転換もほとんどないというのがファルサの特徴である。またその気質は過度に（a oltranza）コミックで、もちろん喜劇なのだが、馬鹿

げていてナンセンス（non senso）でもあった。ジャンルの違うスタイルのオペラの中にもファルサ風の場面がはめ込まれることがあった。

　　La cambiale di matrimonio（*Gioachino Rossini*）

　　L'inganno felice（*Gioachino Rossini*）

　　I tre mariti（*Giuseppe Mosca*）

　　Il campanello（*Gaetano Donizetti*）

　　Le convenienze ed inconvenienze teatrali（*Gaetano Donizetti*）

　　Il signor Bruschino（*Gioachino Rossini*）

２．オペラの音楽のナンバー（Numeri musicali）
Ⓐ　アリア（Aria）

　アリアは声楽、器楽の両分野に使われる音楽形式の名前であるが、オペラでアリアといった場合には、それだけで完結した（chiuso）一つの独唱曲のことである。アリアは音楽で伴奏され、詩節（strofa）からなる定型化された歌詞が歌われる。1700年まではアリアとは、有節形式（schema strofico）のソロで歌われるエピソードであった。その間は演技と対話が一時中断し、一人の人物の感情や思想の吐露（enunciazione）に場を譲る（最初は一人以上で歌われることもあった）。自然の天空（aria）のそよぎを思わせる美しいイメージを与える「アリア」という言葉は、非常に明確な歴史的・形式的意味を持っている。多声楽曲に由来（trarre origine）するものであるが、1400年末ごろからアリアという言葉が使われる（designata）ようになる。

　エール（aer）といって、アリアの前身となる歌があった。イタリアで最初にエールが現れる（prima attestazione）のは、あるメロディーの型（modulo melodico）を通してである。その型とは、最初に庶民的な言葉の詩の一節が歌われると、次に続く詩節にもその第一節がなんども反復して現れるという型である。ラテン語の詩によるエールや、アントニオ・カプレオーロ（Antonio Capreolo XV-XVI世紀）、フィリッポ・ルラーノ（Filippo Lurano ca. 1475-1520）のカピートゥリ詩（Capituli）によるエールといわれるものがこの種の歌であった。（Capituliとは Capitolo、つまりルネサンス期の三行連句の風刺詩のことで、『神曲』の韻律に由来する特殊な詩形である。すべて11音節の三行連句で、ABA　BCB　CDC…XYX　Yと連鎖韻を踏む。最初と最後の韻を別にすれば、脚韻はみな三回ずつ戻ってくる）。1500年の初頭にペトルッチ（Ottaviano Petrucci 1466-1539　最初の楽譜印刷業者の一人）が、『ラテン語詩、カピートゥリ詩、ソネットの歌い方』と称してこのタイプの歌を印刷出版している。こうした

エールが次代のアリアを予告した（preludere）といえる。1509年にフランシスクス・ボッシネンシス（Franciscus Bossinensis XV-XVI）という人物が、こうしたエールを編曲（trascrizione）した『リュート歌曲集』（第一巻1509、第二巻1511）として出版した。この種の歌曲はそれを皮切りに、メロディーがソプラノ・ソロに託され、その他の声部はソプラノを支えてリュート伴奏をするスタイルに変わっていくからである。

15世紀後半にはマドリガーレやその他のポリフォニックな抒情的小品が栄えた（fiorire）が、これらの歌曲はアリアという言葉で呼ばれるのが一般的（generico）になっていく。例えば16世紀後半にかけて現れたマドリガーレ集の中のいくつかは「アリオーゾ」と呼ばれているし、1500年末頃までは見られなかったモノディー様式や有節的定型詩への好みが現れてくる。そしてその頃になると、単旋律の朗詠調で歌われる新しいスタイルが対位法様式を凌駕するようになる。このモノディー様式はジュリオ・カッチーニ（Giulio Caccini ca. 1550-1618）によってフィレンツェで宣言された様式である。1601年に『新音楽 Nuove Musiche』と銘打ってこの作曲家（autore）が出版したアリアとマドリガーレ集はこの新しいスタイルで作曲されている。様式的にはレチタティーヴォ、メロディー、装飾的音形の要素が混在しており、それらの要素が複数の節からなる歌詞の上で展開し、歌詞の長さによって段落（periodo）はさまざまに変わっているのがわかる。

アリアはこれに似た特徴を持ってオペラの中に入ってきた。ただ最初の段階では演技によって左右されるために、有節的な進行を断念せざるを得ず、独立した形式という様相（connotato）を持たない場合がある。

しかし早くもヤコポ・ペーリ（Jacopo Peri 1561-1633）の《エウリディーチェ "Euridice"》、やカッチーニの《エウリディーチェ》（両方とも1600年）において、後にレチタティーヴォに発展する（evolvere）「語りながら歌う Cantar recitando」という朗唱と、詩節から構成された音楽的な楽節が、その必要性からすでに区別（distinzione）されていることが分かる。

クラウディオ・モンテヴェルディ（Claudio Monteverdi 1567-1643）の《オルフェオ "L'Orfeo"》は、後のイタリア・オペラのアリアの典型となる3部構造の核が現れている最初の例である（プロローグのアリア "Possente Spirito"）。これは、オペラでは語りのための部分と、より強い抒情と豊かな感情に委ねられる部分が区別されねばならない、ということが非常に早くから（precocemente）考えられていたことの証例である。この強い抒情と豊かな感情に委ねられた部分こそがアリアとなっていくのである。

その後、とくにアレッサンドロ・スカルラッティ（Alessandro Scarlatti 1660-

1725）により、いわゆるダ・カーポ・アリアと呼ばれる A - B - A1 の３部構成のアリアが有力となっていく。最後の A1 の部分は歌手によって自由に変奏され、声楽的技量の見せ場となるのが普通であった。この型はゲオルク・フリードリヒ・ヘンデル（Georg Friedrich Händel 1685-1758）によって極めて効果的に用いられている。詩的・構造的・機能的観点（punto di vista poetico, strutturale e funzionale）からすれば、アリアはアポストロ・ゼーノ（Apostolo Zeno 1668-1750）のリブレットの中ですでに実用化されており、ピエトロ・メタスタジオ（Pietro Metastasio 1698-1782）によって最高の芸術的レベルにまで高められる。

　メタスタジオによって定形化された規則（regola）は非常に厳しい（stretta）ものであった。その規則を適用（applicazione）すれば、どんな歌手もアリアを２曲続けて歌うことはできず、主役となる人物はアリアを５曲までは歌うことができたが、その場合には各アリアとも異なる種類のものでなければならなかった。歌手の名人芸がますます重きをおびてくると、1600年の終り頃からはレチタティーヴォの重要性が薄らぎ、オペラはただの（mera）アリアの連続という矮小化されたものになりがちとなった。オペラの因習的な型（convenzionalità）を避けるためにさまざまな試みがなされた結果、**"recitativo – aria – cabaletta"** で構成される型が基本となっていく。この型は1770年から輪郭がはっきりし始め、モーツァルト（Mozart 1756-1791）によって習慣的に用いられるようになった。そしてベッリーニ（Bellini 1801-1835）、ドニゼッティ（Donizetti 1797-1848）、ヴェルディ（Verdi 1813-1901）に至って全盛期を迎えるのである。次いで1800年代になると、アリアは調性レベルでも劇作の上でも静（statico）と動（dinamico）との際立つエピソードが交互に組み合わせられ、より複雑（complesso）な構造をとるようになっていく。

　ワーグナー（Wagner 1813-1883）の音楽とその改革は、演技の流動性、ドラマの統一性という名目のもとに、アリアやその他すべての独立した小曲をオペラから排除することになる。

　しかし古い型のアリアについて、多くの再評価（riesumazione）がなされなかったわけではない。ワーグナーの中でさえ、例えばジークムントの〈春の歌 Il canto della Primavera〉のように、それだけで完結した歌曲が、劇作法的にも表現法的にも機能を果している。

　アリアという語を含みもついくつかの言葉。
- **Ad aria**：「聞き覚えで」（ad orecchio）という意味で、楽譜に書かれた音楽のとおりではなく歌ったり演奏したりすることである。

- **Aria aggiunta**：「追加されたアリア」という意味である。1800年初期までは、初演後に非常にしばしば何曲かのアリアが追加された。ドニゼッティは《シャモニーのリンダ》に"O luce di quest'anima"を、《ルクレツィア・ボルジャ》の ロマンツァ"Come è bello"に"Si voli il primo a cogliere"を追加している。またヴェルディも《エルナーニ》のテノール歌手ニコラ・イヴァノフのためにアンダンテ"Odi il voto, o grande Iddio"とアレグロ"Sprezzo la vita"を追加している。
- **Aria bipartita**：二つの感情を対比させる目的をもった二部形式のアリア。メタスタジオが好んで用いた種類のアリアである。テンポも対象的で、第二部分の方が動きが速い。1800年代のより複雑なタイプのアリアの元祖となっている。1800年代のアリアに至るには、この二つのセクションの間に、劇作法的にダイナミックな第三のエピソードを挿入するだけでよかった。

    二部形式アリアの例を二つ挙げる。

    　Mozart《フィガロの結婚》第3幕　ナンバー19　伯爵夫人のアリア
    　　"Dove sono i bei momenti"
    　　　a）Andante：**Dove sono i bei momenti**
    　　　b）Allegro：**Ah, se almen la mia costanza**
    　Rossini《セヴィリアの理髪師》第2幕　ナンバー5　ロジーナのアリア
    　　"Una voce poco fa"
    　　　a）Andante：**Una voce poco fa**
    　　　b）Moderato：**Io sono docile**
- **Aria brillante**：華麗なアリアという意味であるが、詩の歌詞自体がすでに作曲家にアリアの華麗さ、快活さを暗示する。
- **Aria buffa**：「アリア・ブッファ」。コミック・オペラのアリアはオペラ・セリアのアリアと構造は同じである。しかしその特性を明らかにして、"**buffa**"という名称が表に現れることがしばしばあった。たとえば《シャモニーのリンダ（Atto III, Scena 3)》では "scena e aria buffa：Ella è un giglio di puro candore" とある。
- **Aria cantabile**：甘く感傷的な旋律のアリア。メタスタジオはT. フィリッポーニという人物に宛てた手紙（1751年12月6日）に述べている。「貴婦人たちと騎士たちによって歌われる《牧人の王》は、科白のついた過剰なうっとうしさを大部分排除して、ドゥエット付きの、ただの **Aria cantabile** にしました」。（音楽はジュゼッペ・ボンノが作曲、1751年に初

演が行われた。)
- **Aria cavata**：この用語はジュセッペ・ガエターノ・サルヴァドーリ (Giuseppe Gaetano Salvadori) の『トスカーナ風作詩法』(Poetica toscana all'uso 1691) の中で用いられた用語で、「レチタティーヴォの流れの中で音楽家がアリア風な趣きをもたせた (Ricavata dal musicista entro il flusso del recitativo)」アリアを指している。後にカヴァティーナとなる歌の前身といえよう。
- **Aria concertante**：「協奏アリア」とでもいうか、人声を合奏の中に持ち込み、オーケストラのソロの楽器と協奏させるアリア。たとえば田園風の曲の中で歌われるソプラノとフルートとの協奏、狩の場面でのテノールとホルン、戦いの場面でのコントラルトとトランペットなどである。
- **Aria con da capo**：「ダ・カーポ・アリア」。バロック時代のアリアである。二つの詩節からなり、第二詩節が歌われた後に第一の詩節を繰り返す。1700年代を通してバロック時代はヨーロッパ・オペラの重要な時代であったが、歌手に自分のもてる最高の各人芸を誇示できる機会を与えた。リプレーザ（すなわち「ダ・カーポ」、あるいは「リトルネッロ」)、1600年代には「インテルカラーレ」と呼ばれた部分では、歌手が自由に変奏して第一部分を繰り返してよい、というのが習慣であった。その型の決定版はAABBAAである。
- **Aria da concerto**：「コンサート・アリア」。18世紀にはこう呼ばれるアリアが、すでに作られたオペラの中に挿入されることがよくあった。しかも、そのオペラを作曲した作曲家とは別の作曲家によって作曲されたものが挿入されるのである。目的は、役柄を歌手の声質によりよく合わせるためであったり、こうすることによって一つの役柄の幅を広げ、起用した優秀な歌手を際立たせるためであったり、あるいはオペラから切り離してそれだけをコンサートで演奏したりするためでもあった。こうしたアリアは、オペラで歌われていたときよりもはるかに有名になったものである。なぜならば、著名な作曲家によって作曲され、しかも歌手の声質を際立たせようとして作曲されたのであるから、とりわけ流麗な歌になることが多かったからである。

　モーツァルトの次のアリアなどは、そうしたアリアの最も有名な例であろう。

　　"Popoli di Tessaglia"
　　"Mia speranza adorata"

"Vorrei spiegarvi"

- **Aria del sonno**:「眠りのアリア」。一人の人物が、この歌を歌うことによってもう一人の人物を眠らせるアリアである。モンテヴェルディの《ポッペアの戴冠》でアルナルダが "**oblivīon soave**" を歌ってポッペアを眠らせる例は非常に美しい例である。そのほかにもピッチンニ（Niccolò Piccinni 1728-1800）の《チェッキーナ》、Rossini の《絹の梯子》、Donizetti の《ルクレツィア・ボルジャ》などの中に見ることができる。

- **Aria del sorbetto**:「シャーベットのアリア」。アイスクリームを食べながらいい加減に聞き流されるアリアということで、端役の歌うあまり重要でないアリアのことである。昔は劇場でアイスクリームを食べるということは、好みでないアリアが演奏されていることのしるしであった。クルスカ（1863, GDLI）には、この用語について次のように書かれている。「劇場で端役によって歌われたアリアのこと。なぜならば、端役が歌っている間、観客は聴くのは無駄だと考えて、アイスクリームで涼をとるのが習慣になっていたからである」。別名「安物のアリア」"**Aria di paccottiglia**" とも言われる。

- **Aria di baule（pezzo di baule）**：意味としては「鞄に入れて持ち歩きアリア」という意味である。歌手たちは好きなときに歌えるように、お気に入りのアリアをいつも持ち歩いていた。そして特にオペラ再演時などに作曲家がいなければ、その十八番のアリアを歌うのである。ヴィンチェンツォ・ベッリーニがフランチェスコ・フロリーノという人物に宛てた手紙（1828年4月5日）には次のように書かれている。「彼女はオーケストラ伴奏付きのカヴァティーナを歌ってみたがうまく歌えなかったので、別のアリアにしたいと言った（…）。私が別のアリアを作ってやらなければ、**Aria di baule** を歌ったかもしれない」（Budden 1973, vol. I, pag.561n）。

- **Aria di bravura（di spolvero）**：字義的には「腕前を見せるアリア」とか「埃を払った（Spolvero）アリア」ということ。歌手が自分の天性の声を生き生きと披露して歌うアリアで、端緒はヘンデル（1685-1759）の時代にある。いくつかの例をあげると、

    "Rejoice Greatly e Why do the Nations rage" (Handel, Messiah)
    "Come scoglio" (Mozart, Cosi fan tutte)
    "Pace, pace mio Dio" (Verdi, La forza del destino)
    "Celeste Aida" (Verdi, Aida)
    "Largo al factotum della città" (Rossini, Il barbiere di Siviglia)

- **Aria di caccia**：「狩のアリア」。ホルンが歌手を伴奏するアリアのことである。
- **Aria di catalogo**：「カタログのアリア」。オペラ・ブッファに典型的なアリアである。コンメディア・デラルテに起源を持ち、通常いろいろな珍しい物や奇妙な物を一覧表に仕立てて、非常に早口で歌われるアリアである。レポレッロが自分の主人の手に入れた女性の名を読み上げるカタログ・アリアはまさしくこの慣習の最たるものである。その他に例をあげると、

    "Son lunatico bilioso" (*Cimarosa, Il matrimonio segreto*)
    (このチマローザの例は、自分の自慢にならないことを読み上げる「裏返しの」(alla rovescia) カタログ・アリアの例である。)
    "Perdonate signor mio" (*Cimarosa, Il matrimonio segreto*)
    (これも「裏返しの」カタログ・アリアの例である。)

- **Aria di catena**：「鎖のアリア」。不当にも牢獄に繋がれた人物が歌うアリア。
- **Aria di dubbio**：「疑惑のアリア」。これは歌詞が不安な心理状態を表現している。最も有名な例はケルビーノのアリアであろう。

    "Non so più cosa son cosa faccio" (*Mozart, Le nozze di Figaro*)
    "Se resto sul lido, se sciolgo le vele" (*Sarro, Didone abbandonata*)

- **Aria di furore**：「怒りのアリア」。フランスにも "air de fureur"、ドイツにも "Rache aria" という言い方があるが、この言葉の本来は、非常に哀愁を帯びていながら怒りや侮辱の感情が表現されているアリアのことである、例をあげると次のようなものである。

    "Perché lasciarmi, ingrata?" (*Galuppi, Il filosofo di campagna, aria di Rinaldo*)
    "Furie di donna irata" (*Piccinni, La Cecchina*)
    "Tutte nel cor vi sento" (*Mozart, Idomeneo, re di Creta*)

- **Aria di guerra**：「戦いのアリア」。トランペットが歌手を伴奏するアリア。
- **Aria di paragone**：「比喩のアリア」。登場人物を自然界の何らかの姿になぞらえて歌うアリア。

    "Come un'ape ne' giorni d'aprile" (*Rossini, La Cenerentola*)

- **Aria di pazzia**：「狂乱のアリア」。すでに1600年代に多くのオペラに見られる狂乱の場面のアリアである。例をあげると、

  "La finta pazza"（*Sacrati*）
  "Egisto"（*Cavalli*）
  "Orlando furioso"（さまざまなヴァージョン, 例えば *Vivaldi*）
  "La molinara"（*Paisiello*）
  "Don Chisciotte"（*Paisiello*）
  "Nina"（*Paisiello*）

1800年代になると狂乱のアリアは、むしろ時代精神にぴったり合った、流行の場面を構成していくことになる。

  "Lucia di Lammermoor"（*Donizetti*）
  "Torvaldo e Dorliska"（*Rossini "Ah, qual voce d'intorno rimbomba"*）

- **Aria di portamento**：「ポルタメント・アリア」。これはテンポのゆっくりとしたアリア。歌手がいかに音を運ぶか、すなわち、いかに音を保つかが基本となるアリアで、レガート奏法で歌われねばならないアリアである。

  Romanza della preghiera di **Desdemona**（*Rossini, Otello*）

- **Aria di sortita o cavatina**：「登場アリア」または「カヴァティーナ」。人物が最初に舞台に登場するために袖から出てくる（sortire）ときに歌われるアリア。カヴァティーナ（Cavatina）ともいわれる。1600年から700年にかけてのカヴァータは短く、「登場アリア」は短く、スタイルも自由で、さほど重要な歌ではなかったが、1800年のカヴァティーナになると長さも長くなり、規則もできて、オペラには欠かせないアリアとなった。初期のものはメッザリア（mezz'aria 字義的に「半アリア」）といわれていたが、1800年のものは、「アリア」であって、その規範から外されるものではない。カヴァティーナに求められるものは本腰を入れた書法である。歌手はそれによって持てる才能を十分に誇示し、より良い方法で聴衆に向き合うことができるのである。モーツァルトは《フィガロの結婚》でカヴァティーナを三回使った。

  "Largo al factotum"（*Rossini, Il Barbiere di Siviglia*）
  "Di tanti palpiti"（*Rossini, Tancredi*）
  "Casta Diva"（*Bellini, Norma*）
  "Regnava nel silenzio"（*Donizetti, Lucia di Lammermoor*）
  "Se di lauri il crine adorno"（*Mozart, Mitridate, re di Ponto*）
  "Una voce poco fa"（*Rossini, Il barbiere di Siviglia*）
  "Senza, senza cerimonie"（*Cimarosa, Il matrimonio segreto*）

（チマローザのこのアリアの歌詞は、ソリストが、そこにいる他の人物たちに向かって直接語りかけ、相互に作用をおよぼす会話体（dialogico）になっている）。

- **Aria di sostituzione**：「置き換えのアリア」とでもいうもので、先に述べた **Aria da concerto** と同類である。しかしこちらは、オペラを作曲した同じ作曲家が、歌手に合わせるために、またドラマの筋書きを変更するために作曲し直したアリアのことである。例えば悲劇的結末をハッピーエンドに変更するとか、またその逆の例がある。ロッシーニの《タンクレディ》はフェッラーラでの再演時に、本来のハッピーエンドが悲劇的結末へと書き換えられている。ヴェルディの《二人のフォスカリ》にはパリ上演時に、カバティーナ "Sento Iddio che mi chiama" が書き加えられた。テノールのマリオ（Giovanni Matteo De Candia 1810-1883）が、この曲の所有がまだ確定していないうちにこれをロンドンで歌ってヴェルディを怒らせたという逸話がある。

- **Aria doppia**：字義的に「二重アリア」。これは、自分の多才な才能を誇示したいという歌手の要求に応えて考案された類のアリアである。表面上は明らかに対照的であるが（例えば一方は抒情的で他方は劇的な対照）、内容的に実は同じ二つのアリアになっている。

- **Aria fredda**：字義的に「冷淡なアリア」。「登場アリア」、「出のアリア」とは違って、観客に熱い情感を伝えることのできないアリアのことである。

- **Aria tripartita**：「三部分アリア」。二部分アリア（Aria bipartita）から発展したもので、レチタティーヴォ – アリア – カバレッタと結びつく型のアリアである。レチタティーヴォは場を整える時間。次いでアリアが抒情的な、あるいは瞑想的な感情を披露し、最後に速いリズムと華麗さを特徴とするカバレッタが全体を締める。この種の型はベッリーニ、ドニゼッティ、あるいはヴェルディの初期の作品の典型でもある。さらに発展すると、アリアとカバレッタの間に短いレチタティーヴォが入り、そこで新しい人物が登場したり、舞台上にいる主役が当惑したり、要するに新しい要素が挿入される。そしてカバレッタがそれに反応するのである。

  A un dottor della mia sorte （*Rossini, Il barbiere di Siviglia*）

Ⓑ　アリエッタ（Arietta）

アリエッタは有節構造をもち、踊ることもできる声楽曲であった。アリアと同

じであるが、それより規模が小さく、最初は室内楽的に用いられていた。それをイタリア・オペラに導入したのはジョヴァンニ・ボノンチーニ（Giovanni Bononcini 1670-1747）である。そしてピエール＝アレグザンダー・モンシニー（Pierre - Alexandre Monsigny 1729-1817）や、アンドレ＝エルネス＝モデスト・グレトリー（André - Ernest - Modeste Grétry 1741-1813）などがフランス・コミック・オペラに導入している。この用語は詩の構成についていう場合にも、それにつけられたメロディーについていう場合にも用いられる。しかし単なるアリアの縮小辞だとする解説者も少なくない。オペラでは、例えば《運命の力》のトラブーコのソロや、ロッシーニの《セヴィリアの理髪師》のバルトロが歌う **"Quando mi sei vicina"** などがアリエッタである。

Ⓒ　アリオーゾ（Arioso）

これはレチタティーヴォの無韻詩をアリア風にしたものである。声部はアリアと同じ音域を持つが、アリアのような形式の広がりや決まりがなく、名人芸的技量が求められるものではない。ヘンデルはしばしばアリオーゾを用いており、たとえばオペラ《リッカルド・プリモ "Riccardo Primo"》では4回使っている。ほかに例をあげれば、次のようなものがある。

　　"Deh, proteggimi, o Dio!" (*Bellini, Norma*)

Ⓓ　二重唱（Duetto）

ソロの2声のための楽曲である。楽器伴奏を伴ったり伴わなかったりする。バロック・オペラではあまり用いられなかったが、次第にオペラの要素としてアリアに代わるようになり、ついにはアリアの次に頻繁に現れる作品となった。

Ⓔ　コンチェルタート（Concertato）

ソリストと合唱のためのエピソードで、歌手と合唱の声部がポリフォニックに絡み合う。1700年来のイタリア・オペラでは、コンチェルタートは中間幕の最後に、いわゆるフィナーレとして置かれることがほとんどであった（オペラの終りに置かれることはごく稀である）。1声か2声のパートから始まって、新しい音楽的動機に基づいたアンサンブルへと発展していく。実は1800年代のコンチェルタートは **Aria bipartita** が発展したものである。

　　"Freddo e immobile come una statua" (*Rossini, Il barbiere di Siviglia, Atto I*)
　　"Chi mi frena in tal momento" (*Donizetti, Lucia di Lammermoor, parte II atto I*)
　　"Alfredo, Alfredo, di questo core" (*Verdi, La traviata, atto II*)

"D'un vampiro fatal - Già ti vedo immota e smorta" (*Ponchielli, La Gioconda Atto III*)

"Rosetta!" (*Puccini, Manon Lescaut, Scena dell'imbarco delle prigioniere, Atto III*)

Ⓕ 合唱（Coro）
何人かの歌手がアンサンブルで歌うことによって巧みな音楽的表現を行う。

Ⓖ 連鎖「チェイン・フィナーレ」（Finale a catena）
「鎖のように連なるフィナーレ」という意味で、一種の拡大型のフィナーレである。さまざまな音楽的断片が鎖のように繋がって中断なく進行する。オペラ・ブッファに見られる作曲法的・作劇法的技術を含みもつ形式であるといえる。このフィナーレの基本的な決まりは、音楽的断片がアッチェレランドで次々と積み重なって行き、レチタティーヴォを挟まずに、急速度記号の指示によってクレシェンドしながら進行する手法にある。こうしながらオペラの登場人物が、場面の最終局面を構成するために一人二人と次々に現れてくるのである。ダ・ポンテはその『回想』（1826 N.Y. 4部から成る）の中で次のように述べている。「この種のフィナーレは、もちろんオペラの他の部分と緊密に関連していなければならないのだが、それだけで一種の喜劇（commediola）、いわば小さなドラマとなっていて、新しい筋立てと、この場に特有の面白味が要求される」。

Ⓗ メッザリア（Mezz'aria）
「登場アリア」の項でも述べたが、メッザリアは字義的には「半アリア」ということである。この用語は **Domenico Mazzocchi**（作曲家 1592-1665）のオペラ《アドーニスの幽閉 "La Catena di Adone"》（1626）の補遺に見られ、長いレチタティーヴォの終りに置かれるアリオーゾ風の歌のことである。

 Quel tuo seno, amico sasso (*Handel, Giulio Cesare*)
 Teneri, teneri figli (*Bellini, Norma*)
 Ma dì: perché tradirmi, Eleonora? (*Donizetti, Il furioso all'isola di San Domingo*)
 Amami, Alfredo! (*Verdi, La traviata*)
 O cor, dono funesto (*Ponchielli, La Gioconda*)

Ⓘ レチタティーヴォ（Recitativo）
レチタティーヴォは一般にオペラやオラトリオ、カンタータに用いられる楽曲形式である。しかしコンサートでもしばしば用いられ、その際歌手は"レチター

ル・カンタンド"（recitar cantando"）と定義されてきた様式で歌う。

　レチタティーヴォはアリアに対置されるのが常である。この対置は、1600年の初めにフィレンツェはバルディ伯爵（Giovanni de' Bardi 1534–1612）の、いわゆるカメラータ（Camerata fiorentina）に参集した知識人たちが、プラトンやアリストテレスの古代思想を再検討する中で生まれたものである。最初はアリオーゾのような、アリアとの中間的形式であることがしばしばであったが、このスタイルはすぐにすたれた。実際のところ、イタリアのオペラ作品は、当初からロマン派オペラにいたるまで、ほとんどすべてがカメラータのモデルをそのまま踏襲してきたといえる。ヘンデルのように、イタリア語でオペラを書いた外国人作曲家も同様である

　レチタティーヴォは有節構造ではなく、無韻詩で語られ（十一音節詩行であるが非常にしばしば七音節詩行が混入する）、歌の進行ラインは言葉の抑揚に準じている。

　音楽的特徴は以下のとおりである。
- デクラメーションは音節に則しており、歌詞の韻律的音節は、1節が1音符に対応している。
- メロディーの進行は、語り言葉の抑揚にほぼ一致する。
- 調性が一定する必要がないために、レチタティーヴォとレチタティーヴォの間に、アリアを挟む場合には、両者が近い調関係にあろうと遠い調関係にあろうとかまわない。

楽器伴奏には次のような特徴がある。
- **Recitativo semplice (secco)**：レチタティーヴォ・セッコとして知られているものである。これは最も古い伝統を持つレチタティーヴォで、クラヴィチェンバロ（またはフォルテピアノ）とコンティヌオ楽器で伴奏される。伴奏といっても、言葉が一つのフレーズから他のフレーズに移行するときの間隙に断片的に和音が挿入されるだけである。

　　「レチタティーヴォはシラビックで簡素なおしゃべりに近い。退屈ともいえるこのレチタティーヴォは、概して声域のほぼ中心となる音の周りを動き、演劇の朗唱のように優雅に快活に自然体で動く」（Manuel Garcìa テノール歌手 1775–1832）この伴奏は比較的つけやすかった。なぜならば即興の余地があり、また昔はリハーサルもほとんどなく、練習不足で本番に臨む場合が少なくなかったので、歌手の歌詞忘れの個所—こういうことはよくあった—を埋めることも容易だったからである。
- **Recitativo accompagnato o obbligato**：伴奏つきレチタティーヴォとい

われるものであるが、これには二種類ある。コンティヌオ楽器に代わってこのオーケストラがただ和音を付けていくだけのものと、全オーケストラが参加して歌とともにテンポを守り、表現豊かに伴奏を付けていくものとがある。厳密には後者はレチタティーヴォ・オッブリガート（recitativo obbligato）と言わねばならない。オッブリガートでは歌詞内容も感動的に伴奏音楽の中に反映される。モーツァルトのオペラでは、こうした伴奏つきレチタティーヴォの後に大規模なアリアのくることがしばしばある。

1800年の始めには、すでにセッコ・レチタティーヴォの全盛が急速に終りつつあったが、それでも特にオペラ・セリアの分野では、この２種類のレチタティーヴォがまだ健在で、オペラの情景はレチタティーヴォとアリアの交代で情景が進行した。

Ⓙ　ロマンザ（Romanza）

あまり速くなく、テンポに変化のない悲しみを誘う調子の、動きの少ないアリアである。音楽はカンタービレでゆったりとシラビックに動く。均衡のとれた簡素な構成で、歌唱的技巧は素朴である。

オペラでのロマンツァは Rossini 以後に優勢となったときには二部形式アリアでもあり、そのときには最初の部分がアンダンテまたはラールゴで、第二部分がアレグロになる。通常は有節構造のカンタービレで歌われる単一形式の歌曲である。室内楽的性格を持ち、一人の人物の孤独な悲しみの吐露というイメージがつきまとう。形式や状況設定としてはカンツォーネと混同されやすいが、アリア、特に Puccini 独特のソロのアリアとは全く異なる。

歴史的に見ればロマンツァという歌曲は、劇場ではなくサロンで生まれたもので、この特異なアリアを歌うのは名人歌手ではなく愛好家であった。そのためにこの声楽様式は、たとえ劇場にもたらされたにしても、決して名人歌手の歌うような歌ではなかった。

　　　"Assisa al piè di un salice" (*Verdi, Otello, Atto III*)
　　　"O quante volte" (*Bellini, I Capuleti e i Montecchi*)
　　　"Oh cieli azzurri" (*Verdi, Aida*)
　　　"Una furtiva lacrima" (*Donizetti, L'elisir d'amore*)
　　　"Cari luoghi ov'io passai" (*Donizetti, Linda di Chamounix*)
　　　"Oh de' verd'anni miei" (*Verdi, Ernani*)
　　　"Cinta di fiori" (*Bellini, I puritani*)

Ⓚ ロンド（Rondò）

ロンドという言葉は「輪舞の歌 "canto a tondo"」を意味していた。

ここでいうロンドは声楽形式のロンドで、器楽のためのロンド形式ではない。1700年代に特徴的な舞曲ロンドに起源を持つと考えられている。

- ガヴォットと同じく弱起のリズムを使用する。
- テンポは緩急二つの部分をもち、この二つはメロディー的に相関関係にあることが多い。
- 速いセクションが、一つのテーマを巡ってロンド・ソナタ形式のABACADA型を構成して循環する形式である。
- 雄弁な形式である。

"Che farò senza Euridice"（Gluck "Orfeo e Euridice"）や "Non più andrai farallone amoroso"（Mozart "Le nozze di Figaro"）のようなロンド形式のアリアと、スコアに実際書かれ指示されている "Rondò" とは区別しなければならない。ロンドは プリモ・ウオーモ（カストラート）とプリマ・ドンナにのみ許される歌となり、「名人芸的技巧を必要とする歌曲」という言外の意味を含み持つようになった。サリエリ（Antonio Salieri 1750-1825）、フィオラヴァンティ（Valentino Fioravanti 1764-1837）の実験により、将来の Rossini に典型的なロンドの型が準備された（"Cenerentola" の最後の有名なロンド）。

> 例：Non più mesta accanto al fuoco
> 　　starò sola a gorgheggiar.
> 　　Ah fu un lampo, un sogno, un gioco
> 　　il mio lungo palpitar.

Ⓛ 三重唱（Terzetto）

三人のソリストによる重唱。伴奏が付くこともあり、付かないこともある。ここでパイジエッロの《セヴィリアの理髪師》に出てくる楽しい〈あくびの三重唱 "Terzetto degli sbadigli"〉が思い出される。"Giovinetto"（テノール）と "Svegliato"（バス）と "Bartolo"（ブッフォ）の三重唱である。

補遺 A (Appendice A)

音楽とオペラに関する一般的用語の解説
GLOSSARIO DEI TERMINI COMUNI DELLA MUSICA E DELL'OPERA

　これらの用語はきわめて幅が広い。ここでは楽譜や台本、またオペラに関するコメントを読むのに役立つ若干の用語を挙げる。

L'accordo（和音）
　二つ以上の音が積み重なって同時に響く音のこと。調性音楽（musica tonale）では3度と5度の積み重ねを基本形とする3和音（triade）が基本的な和音となる。

L'aiuto-regista（助監督・演出助手）
　最近の演劇・オペラで活躍するスタッフ。演出家の傍らでリハーサルの手伝いをしたり、演出家の意向を注釈したり再演に携わったりする（こうして演出の仕事を学び、自分自身が演出家になることもある）。

L'armonia（和声学）
　和音の分析、結合に関する学問であるが、特定の時代・作曲家に特徴的な「和声法」を指すこともある。

Gli armonici（倍音）
　8度（ottava）、5度（quinta）、3度（terza）などのように、ある基音と同時に響く上音（基音の成分音）である。歌手の声は技巧的な、あるいは表現的な目的のために倍音を利用する。ある基音が最初の2つか3つの倍音しか伴っていなければ、その声は柔らかいが鋭さはない。かなりの数の倍音を伴っている場合には、その声は良く通り、鋭くもなる。

　人間の声の音色は、倍音効果によってかなりはっきりと違ってくる。

L'arrangiatore（編曲者）
　出し物の必要に応じて、歌などを編曲する。

L'autore（作曲者）
　作曲者といってもオペラでは、詩人、美術家、器楽奏者などのさまざまな仕事を総合したような仕事をする人である。事実、音楽を作曲するだけでなく題材を選んだり、台本作家と協力したり、歌手を教育したり、Verdiがよくやったように出し物の装置のことにも注意を払わなければならないことがある。

La cadenza（カデンツァ）

オペラでは、この言葉は和声の終止形のことではなく、あるエピソードの終りに置かれた華麗唱法のことである。無伴奏か、または和音だけで支えられたメロディックなパッセージである。もちろんこれは和声の終止形にも共通するのであるが、ちょうど楽器のソリストとオーケストラの競演であるコンチェルトのカデンツァと同じく、まさに声楽的な趣向である。1700年代には声楽のカデンツァは、それを歌う歌手自身が自由に即興した。その後次第に作曲者が自分で声楽カデンツァを書くようになったが、それでも歌手はそれを変更したり書き換えたりすることをやめなかった。Donizetti の "Lucia di Lammermoor" の狂乱のアリアで、フルートつきの非常に長いカデンツァは有名である。これはソプラノの Teresa Brambilla（1813-1895）の作とされているようだが、いずれにしてもこのカデンツァは Donizetti のオリジナルには存在しない。20世紀になると歌手がカデンツァを変更することはなくなったが、お陰で作曲家がオリジナルに創作したものを確実に楽譜に書き込むことになった。

Il camerino（楽屋）

字義的には「小部屋」の意であるが、出し物の準備や休憩のために、劇場側が出演者に用意する部屋。通常は個々の出演者の重要度に応じて部屋数が決められ、割り当てられる。

Il cantante（歌手）

楽曲演奏において自分の声を楽器として使う人。しかし音楽家として歌うことができ、俳優としても演技することのできる歌手はめったにいない。そういう歌手は、磨きをかけた生来の美声と、これまた生来の芝居や演技に対する表現的才能が一体となった歌手である。

La comparsa（端役・エキストラ）

歌いもせず、演奏もせず、踊りもせず、ただ舞台に出てくるだけの役だが、出し物を作っていくうえで重要な人物。

Il compositore（作曲家）

音楽を作曲し、それをスコアに書き入れる人。（Autore 参照）

Il comprimario（準主役）

主役の歌手の感情表出の受け手（ricettore）となって主役と協力関係を作る歌手。たとえば "Lucia di Lammermoor" は自分の話を Alisa に打ち明け、Leonora は Ines に打ち明ける。信じて心の内を話せる人物なので、しばしば Confidente（腹心の友）ともいわれる。

Il **contrappunto**（対立法）

ラテン語の punctum contra punctum（点に対する点、音符に対する音符）に由来する言葉で、複数の旋律線を同時に組み合わせる作曲技法。

La **coreografia**（振付け）

ステップ（passi）や身体的型（figurazioni）を通してダンスやバレーを組み立てていく技法。

Il **coro**（合唱）

集団で歌う合唱、または集団で歌う人。

Il **costumista**（衣装係）

衣装の担当者であるが、裁縫師（sarto）、衣装デザイナー（vestiarista）、画家（pittore）、舞台美術家（scenografo）であることもある。

Il **Deus ex machina**（機械仕掛けの神）

字義的には「機械で現れる神」の意味であるが、古代ギリシャ・ローマの演劇で用いられた一つの仕掛けのことである。つまりドラマが自然解決（soluzione spontanea）不可能なほどに混乱した場面で、「機械（ギリシャ語では mechané）」、すなわち「舞台の仕掛け」（apparato scenico）によって神性なものが現れる。そしてそれが状況を判断し、無実の判決を下したり弾劾したり、ときには二人の婚約者を結びつけたりして円満解決をはかった。そういう神性なもの、あるいはそうした円満解決をデウス・エクス・マキナという。オペラでも、とくに古代神話を内容とするようなオペラではこの仕掛け（espediente）が用いられた。広い意味では、とくにオペラ・ブッファでは、悪だくみ（intrigo）を解決する人物を指すこともある。たとえば Goldoni（1707-1793）の台本による Wolf-Ferrari（1876-1948）のオペラ《四人の頑固者"I quatro rusteghi"》の Felice 夫人はまさにデウス・エクス・マキナである。

La **didascalia**（ト書き）

詩の原文を書いた作者が、原文の理解のために、オペラのリブレットや、ヴォーカル・スコア（spartito）、または総譜（partitura d'opera）に書き入れた説明書きのことである。最初はごく短いものであったが、その後次第に長くなり、ついには1800年以後になると数も多く詳細にわたって書き記され、ときにはうるさいほどになった。たとえばプッチーニは台本のもとになった小説からの引用までつけている。

Il **direttore d'orchestra**（指揮者）

しばしばマエストロ（Maestro）と呼ばれ、オーケストラを統率（dirigere）する。

Gli intermezzi（幕間喜劇）

　1600年代のオペラは、しばしば英雄＝喜劇的（eroicomica）で、真面目で英雄的な内容に混じって歴史的な、あるいは神話的な人物の下僕がコミカルな役やエピソードを演じたものである。1600年末ころになると、オペラ・セリアは完全にセリアに移行しようとしており、コミカルなエピソードはすでに各幕の最後に移動されていた。そしてその部分がセリアの本体から切り離され（staccare）て幕間に置かれるようになる。すると三幕のオペラに二つの幕間（intermezzo）ができることになる。この習慣はヴェネツィアから始まって北イタリアに広がり、やがてナポリに伝わった。二つのインテルメッツォは通奏低音付きの弦楽器と、二人のブッフォ歌手、一人のソプラノまたはメッツォ・ソプラノ歌手、一人のコミック・バスを使って、非常に簡単な物語を展開した。常に結婚についての言い争い（litigio）があり、常にハッピー・エンド（pace finale）する。Gennarantonio Federico の台本で Giambattista Pergolesi（1710-1736）が作曲した《奥様になった女中 "La serva padrona"》は Pergolesi 自身の三幕のオペラ《尊大な囚人 "IL prigionier superbo"》（1733）から生じたインテルメッツォである。

Il libretto（台本）

　字義的には「小さな本 piccolo libro」ということだが、オペラのための文学的テキストである。いくつかの幕と場、ソリストのための曲、アンサンブルの楽曲、レチタティーヴォなどの決まった骨組みをきちんと提供してくれる。いわば台本は、それのみで完成した作品（prodotti finiti）ではなく、音楽との関係において、つまり音楽という衣服をまとって初めて完成されるものとみなされなければならない。大部分の台本は、何か他の小説とか小話とかドラマとか、あるいは詩や悲劇や歴史などから翻案されている。比較的廉価なので、台本は常に印刷されてきた。ときには何かのオペラの唯一の資料として現代に残されていることもある。台本を書く詩人は台本作家（librettista）と呼ばれる。

Il maestro（マエストロ）

　この言葉は作曲家、オーケストラ指揮者、合唱指揮者などを指すときに使われる。

Il maestro al cembalo（チェンバロ奏者）

　1800年初期までは、レチタティーヴォ・セッコを伴奏したり（即興 improvvisazione で和音をつけた）、通奏低音を弾いて全体をまとめたりするチェンバリストがいた。そういうチェンバリストを指す言葉である。Maestro al cembalo は合唱のまとめにも関わった。

Il maestro sostituto（コレペティトーレ）

　副監督のことで、オペラの生命にとって非常に重要な人物である。稽古のときにピ

アノで伴奏をつけながら歌手を指導したり、歌手や音楽アンサンブルにキューを出したり、上演中は舞台裏の一団に注意を払い、コーラスや楽隊の指揮をしたりする。

Il maestro suggeritore（プロンプター）

「台詞づけのマエストロ」ということになるが、オペラ上演のときに舞台近くで（自分の穴 buca から）、拍子をとりながら台詞を読み進め、歌手が忘れたところを埋める手助けをしてくれる人。楽譜が読めるのだから、やはり音楽家である。

Il melisma（メリスマ）

ギリシャ語の"Melos"（canto）に由来する言葉。母音唱法（vocalizzo）、装飾音使用法（fioritura）、自由な装飾法（passaggio）と同じ意味である。グレゴリオ聖歌の固有の意味からすれば、一つの母音で発音されるいくつかの音の塊ということになる。数少ない母音にたくさんの音が割りふられている歌はメリスマ的（melismatico）であるといわれる。

La melodia（メロディー）

まとまった流れとして知覚（percepire）される音の連続（succissione）。ベルカント、イタリア的歌、メロドラマ、つまりオペラ一般の基本はコロラトゥーラとレチタティーヴォによる旋律である。

Il melomane（オペラ狂の人）

「歌のマニア Maniaco del canto」、「オペラの熱烈なファン appassionato d'opera」、「オペラの鑑識眼のある人 intenditore d'opera」、「歌に基づいた音楽に通じた人 competente della musica fondata sul melos」を表すイタリア語である。ただ「音楽愛好家」と言いたいなら musicomane（「音楽狂」というややアイロニックな意味がある）とか、musicofilo（音楽を愛好する家）といった言葉を用いたほうがいい。マス・メディアでは好んで melomane を用いるが、この言葉はしばしば「天井桟敷の観客 loggionista」という意味で使われることがある。こうした melomani は誰にも畏敬の念を抱くことがなく、Maria Callas, Renata Tebaldi, Luciano Pavarotti, Carlos Kleiber, Claudio Abbado, Lorin Maazel といった芸術家にも口笛を吹く。Katia Ricciarelli、最近の Roberto Alagna に対してのエピソードは有名である。

Il mezzo carattere（メッゾ・カラッテレ）

字義的には「中庸の性格」ということになるが、深刻ではなく、ほどほどの表現力のある、あるいはコミックではあるが柄が悪くなくブッフォでもないアリアや登場人物、またはそうした性向のオペラを定義する用語である。「中庸の役どころの主役（Primo mezzo carattere）はいつも決まってテノールであったが、たとえば《アルジェのイタリア女》の Lindoro とか、《泥棒かささぎ》の Giannetto などがそれであ

る。ときには"Buffi caricati"（気取ったブッフォ）とも言われた（Geronimo, Il matrimonio segreto - Cimarosa）。植松伸夫の"Maria and Draco"というオペラの中にメッゾ・カラッテレのAriaがある。

Nonetto（九重唱）

九つの声の重唱である。声数が多いために、実用的にもドラマ上でもめったに用いられないが、たとえばボーイトの台本でヴェルディ作曲の"Falstaff"では、第1幕の終りと第2幕の終りに九重唱がある。第3幕の終りは、なんと十重唱になる。

La nota（音符）

一定の音高や音の長さを示すために使われる記号である。声楽では1800年初期まで、書かれたとおりに歌われなかった音があるという意味において、音符と実際の音の間に常にずれがあった。1800年末頃までには、より音符に忠実に歌われるようになった。

- 全音階（scala diatonica）には七つの音がある。

Do	re	mi	fa	sol	la	si
C	D	E	F	G	A	H

- 半音階（scala cromatica）ではフラット（bemolle）、シャープ（diesis）を使って全音階の七つの音を1半音（semitono）上げたり下げたりするために七つ以外の音ができる。

    ラテン諸国で用いられる現在の音符の名称は12世紀にさかのぼり、その誕生はGuido d'Arezzo（997-1050）にあったとされている。

    音符は次の賛歌のそれぞれ短い詩行の最初の音節に一致する。

    ut queant laxis
    resonare fibris
    mira gestorum
    famuli tuorum
    solve polluti
    labi reatum
    sancte Iohannes

    utという音符の名称は、17世紀のイタリアで現在の**do**に変わった。これは音楽理論家（musicologo）Giovanni Battista Doni（1594-1637）の提案よるものだとされ、式の理由はutでは発音しにくいということであったようだ。しかし実際はDoniという苗字の最初の音節Doが大きくあずかったとの逸話もある。

La pausa（休止符）

一つの音と他の音の間に置かれる休止（intervallo）の記号である。楽譜を書く場

合、音にも休止にも、その長さを示す図形のような一連の記号（segno grafico）がある。それらをイタリア語では次のように名づけている。

Breve	二全音符	二全休符
Semibreve	全音符	全休符
Minima	二分音符	二分休符
Semiminima	四分音符	四分休符
Croma	八分音符	八分休符
Semicroma	十六分音符	十六分休符
Biscroma	三十二分音符	三十二分休符
Semibiscroma	六十分音符	六十分休符

　オペラの旋律やリズムは、しばしば非常に効果的に休止を利用している。たとえばRossini の《試金石 "La pietra del paragone"》では "Lo stranier con le pive nel sacco" という言葉を、いくつかの休止で調子をとりながら、その合唱に喜劇性をもたらしているし、《トロヴァトーレ "Il trovatore"》の Leonora は、小さな休止をいくつかはさみながら、自分の苦悩を現実のように表現している。また Violetta は第1幕を締めくくる大きなアリアで、"Ah fors'è lui" という歌詞を歌うときに、実に3回もの休止で区切りながら、自分を捉えたそこはかとない不安を見事に描き出している。この種の音楽的休止は必ずしも詩節の持つ休止と一致するわけではなく、言葉の中間で区切られることもしばしばある。

Il **pertichino**（ペルティキーノ）

　本来はオペラの脇役のことである。彼は主役の歌うアリアなどの独立した曲（pezzi chiusi）の中に、せいぜいが第二旋律（controcanto）として介入してくる。しかし、いわゆる「ペルティキーノ付きアリア aria con pertichino」と書かれたアリアの中で、特別に発揮しなければならない何らかの音楽的重みを与えられた役である。広義には、ソリストのアリアの中に他の声が介入してくる場合はすべて "con pertichino" である。Bellini の "Bianca e Ferrando" のロマンツァ "Sorgi, o padre" に介入するエロイーザは典型的なペルティキーノであるし、Puccini の《トスカ》で、Cavaradossi のロマンツァに介入する寺男（sagrestano）のそれも有名である。また Donizetti の "Don Pasquale" も引用したい。Don Pasquale はペルティキーノを使って他人のアリアの中で自分の不機嫌（malumore）を表しているのは面白い。

La **preghiera**（祈り）

　オペラでの「祈り」はドラマの問題であって音楽的形式を持つものではない。しかし、よくアリアやロマンザや合唱、コンチェルタートなどの形で祈りの歌が歌われる。たとえば Verdi の珍しいオペラ《アロルド "Aroldo"》に "Non punirmi, o Signor, nel tuo furore" という祈りの歌がある（これは七つの悔罪詩編の最初である詩編第6を、弦楽伴奏で歌われるために翻訳したものである）。《運命の力 "La forza del destino"》の"Padre eterno signor"や、Rossini の《モーゼ "Mosè in Egitto"》の"Dal tuo stellato soglio"、Donizetti の《ピア・デ・トロメイ "Pia de' Tolomei"》の"Divo Spirto"、Mercadante の《誓い "Il giuramento"》の"Alla pace degli eletti"、Mascagni の《カヴァッレリーア・ルスティカーナ "La cavalleria rusticana"》の"Regina coeli, laetare - Inneggiamo, il Signor è risorto"などが挙げられる。キリスト教の神ではなく異教の神への祈りもある。Norma が月の神に祈る"Casta diva"、ヴィーナスに祈る Donizetti の Fausta、Mozart の Idomeneo はネプチューン（海神）に祈っている。

Il protagonista（主役）

ギリシャでは「最初の競技参加者」（il primo agonista）を意味した。すなわち首位の人物である。オペラではしばしばタイトルが主役の名前になっているのに、主役を特定するのが難しいこともある。主役には対立する役（antagonista）が配される。つまり主役に邪魔をする敵の役（avversario）である。ロマン派のオペラではこれはバリトンや、ときにはメッツォ・ソプラノの役柄であった。

La prova（稽古）

オペラを上演するにあたっての、さまざまな段階（fase）にわたる準備である。たとえばイタリアでのオペラの稽古についてみれば、先ず第一段階として楽譜（spartito）の読みがある。次に演出上の稽古とでもいうか、「立ち稽古 prova di regia/prova scenica」に入る。これによって歌われねばならない個所に関連する場の動きのすべてを前もって頭に入れる。次に第三段階として、「イタリア式稽古 prova all'italiana」が始まる。これは舞台上（palcoscenico）でオペラ全体をコンサート形式で通して歌う稽古である。演出上の動きは付けないが、オーケストラの伴奏は付く。ここまでが完成すると、次にソリスト、合唱、オーケストラなど、全部が一緒に集まった「合わせ稽古 prova d'assieme」に入る。最後に3回の総稽古になる。劇場用語を使えば（In gergo teatrale-lirico）先ずアンテピアーノの（antepiano）といわれ、いわば「ピアノ伴奏だけのリハーサル」。そして「総稽古前リハーサル antigenerale」、「総稽古 generale」と続く。総稽古は、ほとんど常に特別な観客の前で行われる。こうして初日（prima）を迎えるのである。初演後にさまざまな形で再演（replica）されることがある。先に挙げた「イタリア式稽古」という言葉は、少々違った意味でも使われる。それは歌や楽器の演奏なしで行われる稽古のことで、手もとのスコアをよみながら皆で議論し合って勉強し、上演の詳細を作りあげていく方法である。その後に動きをつけた稽古の段階に入る。

La regia（演出）

演出家（regista）が指導調整しながらオペラを作りあげていく作業である。

Il ritmo（リズム）

これはいろいろな分野に用いられる言葉で、音楽的に定義するのは非常に難しいが、あえて概略すれば、楽曲のさまざまな部分を有機的に構成している時間の流れ（durata）とアクセント（高低、強弱、緩急などの）である。音楽的に最も古い起源は、舞踏と密接な関連を持つものであろうといわれている。太鼓などの打楽器がリズム楽器として知られる原初の楽器であろうといわれるのも根拠がなくはない。

La scenografia（舞台技術）

出し物の舞台環境の考案作業（ideazione）である。舞台美術家（scenografo）の協同作業者には舞台装置家（arredatore）、舞台美術助手（aiuto scenografo）、セッティング監督（direttore allestimenti）、照明監督（direttore delle luci）、道具係り（attrezzista）、小道具係り（trovarobe）、装飾家（decoratore）、舞台衣装係（costumista）などがいる。

Il sostituto（代役・カバー）

再演のときに、正規の資格を持つ役柄の歌手に代わって歌う歌手、あるいはいつでも代わって歌えるように控えている歌手である。エジンバラで Maria Callas の代役をつとめて《夢遊病の女》を歌った Renata Scotto（1957）は有名で、彼女はこれによって一躍キャリアを飾った。

La tecnica del canto（歌う技術）

咽頭（laringe）や声帯（corde vocali）に大きなダメージを与えることなく美しい声を出すための、職業歌手に必要な技法的創意工夫（accorgimento）のすべてである。

Il tempo（拍子）

いろいろな意味を持ち定義は非常に難しいが、ここでは実用的に、近代の西洋音楽で使われる拍についての用語を記す。

binario	2拍子
ternario	3拍子
quaternario	4拍子
quinario	5拍子
senario	6拍子
settenario	7拍子
due secondi	2分の2拍子
due quarti	4分の2拍子
quattro quarti	4分の4拍子
tre ottavi	8分の3拍子
sei ottavi	8分の6拍子

| nove ottavi | 8分の9拍子 |

Ⅱ **timbro**（音色）

　音色は、楽器や声によって生み出される音波の波形によって、それぞれに異なる特色を持つ。

補遺 B （Appendice B）

詩を読んで練習するためのいくつかのアリア
ALCUNE ARIE PER ESERCITARSI NRLLA LETTURA METRICA

Bisillabo（二音節詩行）：
"Mio tonante"（四音節詩行、二音節詩行、と八音節詩行、*Calisto, Atto III-finale*）

Trisillabo（三音節詩行）：
"Le stelle"（合唱、*Calisto, Atto III-Scena ultima*）
"Dopo la notte oscura"（七音節詩行が混ざっている三音節詩行、*Rodelinda, Atto III, Scena ultima*）

Quadrisillabo（四音節詩行）：
"Cruda Aletto"（八音節詩行が混ざっている四音節詩行、*Eliogabalo, Atto II-Scena 6*）
"Gran ventura"（*Madame Butterfly, Atto I*）
"Io direi"（八音節詩行が混ざっている四音節詩行、*Don Pasquale, Atto II-Scena 5*）
"O Divina!"（*Calaf, Turandot, Atto III-Quadro Primo*）
"Pargoletto"（八音節詩行が混ざっている四音節詩行、*Eliogabalo, Atto I-Scena 10*）
"Piante ombrose"（八音節詩行が混ざっている四音節詩行、*Calisto, Atto I- Scena 2*）
"Se t'agguanto! Se ti piglio!"（*Falstaff, Atto II-Parte 2*）

Quinario（五音節詩行）：
"Al dolce guidami"（*Anna Bolena, Atto II-Scena 12*）
"Amore o grillo - donna o gingillo"（中間韻のある二重五音節詩行、*Madama Butterfly, Atto I*）
"Atto secondo - Non far sussurro"（二重五音節詩行、*La Bohème, Quadro I*）
"Che interminabile andirivieni"（二重四音節詩行、*Don Pasquale, Atto III-Scena 3*）
"Chi mai dell'erebo"（ズドゥルッチョロ、*Orfeo ed Euridice, Atto II-Scena 1*）
"Così alla misera"（二重五音節詩行、最初の半行はズドゥルッチョロ、*La traviata, Atto II-Scena 5*）
"Era la notte, Cassio dormia, gli stavo accanto"（三重五音節詩行［実際にアドニックのヘクサメトロン］、*Otello, Atto I, Scena 5*）
"Freddo ed immobile"（ピアーノ、ズドゥルッチョロとトロンコの詩行、*Il barbiere di Siviglia, Atto I Scena 16*）
"Fuoco di gioia! - l'ilare vampa"（二重五音節詩行、*Otello, Atto I, Scena 1*）
"Là, un bravo giudice"（*Madama Butterfly, Atto II*）

"Largo al factotum"（*Il barbiere di Siviglia, Atto I-Scena 2*）
"Noi voleremo - domanderemo"（二重五音節詩行、*La Cenerentola, Atto II-Scena 2*）
"Numero quindici a mano manca"（二重五音節詩行、3/8のブッファのメロディー、
 Il barbiere di Siviglia, Atto I-Scena 4）
"Numi selvatici"（ズドゥルッチョロ、*Calisto, Atto I-Scena 15*）
"Ora che accendene - un fuoco istesso!"（二重五音節詩行、*Rigoletto, Atto I-Scena 12*）
"Piano, pianissimo"（*Il barbiere di Siviglia, Atto I-Scena 1*）
"Qui nel mio codice"（相互にズドゥルッチョロ、*La Cenerentola, Atto I-Scena 6*）
"Sarò vostr'orgie... verrò a gridare"（二重五音節詩行、*Rigoletto, Atto I-Scena 6*）
"Se vuol ballare"（カヴァティーナ、*Le nozze di Figaro, Atto I-Scena 2*）
"Smanie implacabili-che m'agitate"（二重五音節詩行、最初の半行はズドゥルッチョロ、
 Così fan tutte, Atto I-Scena 9）
"Stridea la vampa! - la folla indomita"（二重五音節詩行、*Il trovatore, La gitana, Scena 1*）
"Vedrai, carino"（*Don Giovanni, Atto II-Scena 6*）
"Voi che sapete"（カンツォーネ、*Le nozze di Figaro, Atto II-Scena 3*）
"Volta la terrea"（*Un ballo in maschera, Atto I-Scena 4*）

Senario（六音節詩行）:
"Bricconi, birbanti"（*Il barbiere di Siviglia, Atto II-Scena 4*）
"Già le campane suonano"（全ズドゥルッチョロ、*La Wally, Atto II-Scena unica*）
"Ho testa bizzarra"（第二部はカバレッタ、*Don Pasquale, Atto I-Scena 4*）
"Il core vi dono"（二重唱、*Così fan tutte, Atto II-Scena 5*）
"L'insana parola"（*Aida, Atto I-Scena 1*）
"La mano a me date"（六音節詩行と七音節詩行、四重唱、*Così fan tutte, Atto I-Scena 4*）
"Le faccio un inchino"（*Matrimonio segreto, Atto I-Scena 4*）
"Non basta una vittima - a questo codardo"（二重六音節詩行、*Oberto, Conte di San
 Bonifacio, Atto I-Scena 10*）
"Non so che mi prende"（*La molinara, Atto I-Scena 6*）
"Or sai chi l'onore"（復讐のアリア、*Don Giovanni, Atto I-Scena 13*）
"Quel sangue versato /Al cielo s'innalza"（二重六音節詩行、*Roberto Devereux, Atto III-
 Scena 9*）
"Quest'obi pomposa"（七音節詩行になっていく二重唱 – Pinkertonは七音節詩行で歌う、
 Madama Butterfly, Atto I-Finale）
"Se a caso Madama"（小二重唱、*Le nozze di Figaro, Atto I-Scena 1*）
"Silenzio, silenzio"（*Matrimonio segreto, Atto I-Scena 16*）
"Un' aura amorosa"（*Così fan tutte, Atto I-Scena 12*）
"Un tenero core - mi rese felice"（二重六音節詩行、*Roberto Devereux, Atto I-Scena 5*）
"Via, caro sposino"（*Don Pasquale, Atto III-Scena 2*）

"Dì tu sei fedele"（*Un ballo in maschera, Atto I-Scena 10*）

Settenario（七音節詩行）：
"Amore è un ladroncello"（*Così fan tutte, Atto II-Scena 10*）
"Cara, non dubitar,"（*Matrimonio segreto, Atto I-Scena 1*）
"Chi son? Son un poeta."（*La Bohème, Quadro I*）
"Deh non parlare al misero"（*Rigoletto, Atto I-Scena 9*）
"Ecco, ridente in cielo"（ビートアップで始まる七音節詩行、*Il barbiere di Siviglia, Atto I-Scena 1*）
"Il suo nome è Musetta;"（*La Bohème, Quadro II*）
"Intorno all'idol mio"（最後の詩行は十一音節詩行、*Marco Antonio Cesti, 1623–1669?*）
"Io son, io son d'origine"（ズドゥルッチョロ、*Calisto, Atto I-Scena 13; Satirino*）
"Là ci darem la mano"（*Don Giovanni, Atto I-Scena 9*）
"Libiam ne' lieti calici"（*La traviata, Atto I-Scena 2*）
"Mi fa il destin mendico"（ペルティキーノのアリア、*Don Pasquale, Atto III-Scena 3*）
"Nel cor più non mi sento"（*La molinara, Atto III-Scena 1*）
"Parmi veder le lagrime"（*Rigoletto, Atto II-Scena 1*）
"Pura siccome un angelo"（交互にズドゥルッチョロ、*La traviata, Atto II-Scena 5*）
"Regnava nel silenzio"（*Lucia di Lammermoor, La partenza-Scena 4*）
"So anch'io la virtù magica"（第一部はカバレッタ、*Don Pasquale, Atto I-Scena 4*）
"Sogno soave e casto"（ペルティキーノのアリア、*Don pasquale, Atto I-Scena 3*）
"Tornami a dir che m'ami"（平行3度音の bicinium の形の nocturne、*Don Pasquale, Atto III-Scena 6*）
"Tu che di gel sei cinta"（*Turandot, Atto III-Quadro Primo*）
"Tutte le feste al tempio"（*Rigoletto, Atto II-Scena 6*）
"Udite, udite, o rustici"（喜劇のズドゥルッチョロ、*L'elisir d'amore, Atto I-Scena 5*）
"Un dì felice eterea"（*La traviata, Atto I-Scena 3*）
"Un dì, se ben rammentomi"（*Rigoletto, Atto III-Scena 3*）
"Vado, ma dove?"（*Mozart*、詩：*Da Ponte*）
"Venite... inginocchiatevi..."（*Le nozze di Figaro, Atto II-Scena 3*）
"Verranno a te sull'aure"（*Lucia di Lammermoor, La partenza-Scena 5*）
"Una furtiva lagrima"（ロマンザ、*L'elisir d'amore, Atto II-Scena 7*）
"Morrò - ma prima in grazia"（*Un ballo in maschera, Atto III-Scena 1*）
"Nacqui all'affanno, al pianto"（*La Cenerentola, Atto II-Scena 10*）

Ottonario（八音節詩行）：
"Bella figlia dell'amore"（セスティーナ、*Rigoletto, Atto III-Scena 3*）
"Caro nome che il mio cor"（トロンコの八音節詩行、*Rigoletto, Atto I-Scena 13*）

補遺 B

"Che burletta la sfilata" (*Madame Butterfly, Atto I*)
"Cheti, cheti, immantinente" (*Don Pasquale, Atto III-Scena 5*)
"Chiedi all'aura lusinghiera" (*L'elisir d'amore, Atto II-Scena 3*)
"Dolce notte! Quante stelle" (ほとんど平行の二声のBicinium、*Madame Butterfly, Atto I-Finale*)
"Dove sono i bei momenti" (*Le nozze di Figaro, Atto III-Scena 8*)
"È rimasto là impietrato" (四重唱、*Don Pasquale, Atto II-Scena 5*)
"Io posposto? Io che son critico" (*Donizetti, Torquato Tasso, Atto II-Scena 3*)
"Io ti lascio perché uniti" (*Matrimonio segreto, Atto I-Scena 1*)
"La calunnia è un venticello" (*Il barbiere di Siviglia, Atto I-Scena 8*)
"La vendetta, oh, la vendetta" (その後ズドゥルッチョロの五音節詩行が続きます、*Le nozze di Figaro, Atto I-Scena 3*)
"Mi sognai fra il fosco, e il chiaro" (*La Cenerentola, Atto I-Scena 2*)
"Notte e giorno faticar" (*Don Giovanni, Atto I-Scena1*)
"Per pietà, ben mio, perdona - all'error d'un' alma amante" (ロンド、二重八音節詩行、*Così fan tutte, Atto II-Scena 7*)
"Più, che sciocco, esser puoi libero" (ズドゥルッチョロ、*Calisto, Atto III-Scena 5*)
"Pria che spunti in ciel l'aurora" (*Matrimonio segreto, Atto II-Scena 5*)
"Sei t'aborre, io t'amo ancora" (*Anna Bolena, Atto I-Scena 12*)
"Sempre libera degg'io" (*La traviata, Atto I-Scena 5*)
"Sulla tomba che rinserra" (*Lucia di Lammermoor, La partenza-Scena 5*)
"Tra gli amplessi in pochi istanti" (*Così fan tutte, Atto II-Scena 12*)
"Una voce poco fa" (トロンコの八音節詩行、第二部は二重五音節詩行、*Il barbiere di Siviglia, Atto I-Scena 5*)

Novenario（九音節詩行）：
"Crudele! Vuoi dunque ch'io solo" (*Turandot, Atto I*)
"L'assiuolo" (詩：*Giovanni Pascoli*、音楽：*Zandonai*)
"Laggiù nelle nebbie remote" (Laura-Enzoの二重唱、*La Gioconda, Atto II, Scena 5*)
"Lontano lontano lontano" (*Mefistofele, Atto III*)
"Sei tutta vestita di giglio" (二重唱、*Madama Butterfly, Atto I-Finale*)

Decasillabo（十音節詩行）：
"Adina, credimi, te ne scongiuro" (*L'elisir d'amore, Atto I-Scena 10*)
"Ah, Riccardo, se a misera amante" (四重唱、*Oberto, Conte di San Bonifacio, Atto II-Scena 5*)
"Celeste Aida, forma divina," (ロマンザ、*Aida, Atto I-Scena 1*)
"Come un'ape ne' giorni d'aprile" (*La Cenerentola, Atto I-Scena 6*)

"Cortigiani, vil razza dannata"（*Rigoletto, Atto II-Scena 4*）

"Cosa farete? Via, su, parlate"（*Matrimonio segreto, Atto II-Scena 9*）

"Di sprezzo degno se stesso rende"（*La traviata, Atto II-Scena 15*）

"Infelice! Nel core tradito"（合唱、*Oberto, conte di San Bonifacio, Atto II-Scena 1*）

"Madamina, il catalogo è questo"（第一部、*Don Giovanni, Atto I-Scena 5*）

"Non più andrai, farfallone amoroso"（十音節詩行／八音節詩行、*Le nozze di Figaro, Atto I- Scena 8*）

"Non so più cosa son, cosa faccio"（*Le nozze di figaro, Atto I-Scena 5*）

"Non v'è in Cina per nostra fortuna"（*Turandot, Atto II-Quadro Primo*）

"Parigi, o cara, noi lasceremo"（*La traviata, Atto III-Scena 6*）

"Percorrete le spiagge vicine"（*Lucia di Lammermoor, Atto I-Scena 1*）

"Questa assisa ch'io vesto vi dica"（*Aida, Atto I-Scena 2*）

"Questa o quella per me pari sono"（カンツォーネの形で：*Rigoletto, Atto I-Scena 1*）

"Se il mio nome saper voi bramate"（十音節詩行と六音節詩行のカンツォーネ、*Il barbiere di Siviglia, Atto I-Scena 4*）

"Sì, vendetta, tremenda vendetta"（二人で歌うカバレッタ、*Rigoletto, Atto II-Scena 8*）

"Star vicino al bell'idol che s'ama"（*Salvatore Rosa, 1615–1673*）

"V'ho ingannato... colpevole fui"（*Rigoletto, Atto IV-Scena ultima*）

Endecasillabo（十一音節詩行）：

"Com'è gentil la notte a mezzo april!"（*Don Pasquale, Atto III-Scena 6*）

"Dalle gelose mie cure incessanti"（*Calisto, Atto II-Scena 5*）

"Deh, vieni alla finestra, o mio tesoro!"（カンツォネッタ、*Don Giovanni, Atto II, 3*）

"Deh, vieni, non tardar, o gioia bella,"（*Le nozze di Figaro, Atto IV-Scena 10*）

"Era, bianca colonna, eburnea mano"（*La morte di Orfeo, Atto IV-Scena 4*）

"O cieli azzurri…o dolci aure native"（ロマンザ、*Aida, Atto III*）

"Nel mare solca e nell'arena semina"（ドラマチック、*Così fan tutte, Atto I-Scena 7*）

"Tutti accusan le donne, ed io le scuso"（*Così fan tutte, Atto II-Scena 13*）

"Recondita armonia"（七音節詩行と十一音節詩行、*Tosca, Atto I*）

Dodecasillabo（十二音節詩行）：

"Addio del passato bei sogni ridenti"（*La traviata, Atto III-Scena 4*）

"Dall'aure raggianti di vano splendor!"（*Luisa MIller, Atti !, Scena 7*）

"Imponi, disponi, de' nostri veleni,"（二重唱、*Calisto, Atto III-Scena 2*）

"La vidi stamani gittar sul tuo legno"（*La Gioconda, Atto I, Scena 4*）

"Non regno, non vivo, partite lo voglio"（*Roberto Devereux, Atto III, Scena 9*）

"O tu che la festa audace hai turbato"（*Rigoletto, Atto I-Scena 6*）

"O sole, più rapido a sorger t'appresta"（*Lucia di Lammermoor, Atto II-Scena 2*）

補遺 C （Appendice C）

古典詩やオペラの台本に見られる単語や表現
PAROLE ED ESPRESSIONI CHE TROVIAMO NELLA POESIA CLASSICA E NEI LIBRETTI D'OPERA

ラテン語の形を取る単語

homo	huomo	uomo	（人、人間）
hora	hora	ora	（いま）
allhora	allora		（その頃、その頃には）
habere	havere	avere	（持つ）

● 詩の言語の中では代名詞が前節語（enclitica）の位置にくることがある。すなわち動詞の後に結合して動詞と一語になるのである。これは次に述べるさまざまな理由により、動詞の様態や時制に関係なく生じる。
   - ある動詞の主要なアクセントが代名詞の上に落ちるのを避けるために。
   - 詩行により大きな音楽性を与えるために。
   - 1800年までは、詩行の頭に代名詞が来るときにはそうしなければならなかった。

例：	trarrotti	ti trarrò
	negherammi	mi negherà
	trovommi	mi trovò
	rammentomi	mi rammento
	chiamerallo	lo chiamerà

● 命令形では代名詞は動詞の後に置かれるのが普通であるが、詩では、**il mira, mi lascia, lo compi** などのように、代名詞が動詞の前にくる命令形をしばしば見かける。これは"imperativo tragico"（悲劇的命令法）といわれ、メタスタジオ以後1800年末ころまでは、詩行の頭ではほとんどの場合こうしなければならなかった。

● 1800年のほぼ終り頃までは、「格好よく」書いたり話したりしようとする人は、一人称単数直説法半過去には語尾を絶対に"**o**"にしなかった。現代のイタリア語のように、たとえば"io vedevo"と言ったり書いたりせずに、"io vedeva"

としたものである。さらに、一人称・三人称の単数・複数では、半過去の **"v"** の字を落とすことがしばしばあった。つぎのとおりである。

昔の詩	現代イタリア語
vedea	vedevo（一人称単数）
vedea	vedeva（三人称単数）
vedean(o)	vedevano（三人称複数）
rimane(v)a	rimanevo（一人称単数）
pare(v)a	pareva（三人称単数）
sape(v)a	sapevo（一人称単数）
colpi(v)a	colpiva（三人称単数）
rimane(v)a	rimaneva（三人称単数）

　また代名詞 **"lo"** の代わりに音楽的理由から **"il"**（ラテン語の "illo" からきた古典詩の形）が使われることがある。"lo mira" にくらべて "il mira" は、"MIRA" の "I" にだけアクセントを置くことができる。だからこの形は、音楽を付ける歌詞の中で用いられるのに適している。

古語や詩で用いられる単語の小語彙集

古い形	現代の形	意味
acciaro	spada（名詞）	剣
ad onta di	malgrado（副詞）	にもかかわらず
adornare	rendere bello（不定詞）	飾る
aer	cielo, aria（名詞）	空、空気
affè	no di sicuro/senz'altro（間投詞）	絶対／だめ
affosca (Stornellata marinara)	offuscare（現在・三人称単数）	暗くする
aita	aiuto（名詞）	助け
aitalo (Pagliacci)	aiutalo（aiutare 命令形）	彼を助ける
al par di te	come/quanto te（副詞）	あなたと同じように／と同じぐらい
alma	anima（名詞）	魂、心
alvo (Otello - Verdi)	alveo（名詞）	川底
amistà	amicizia（名詞）	友情
ancide	uccide（uccidere 現在・三人称単数）	殺す
anco	ancora（副詞）	もう一度

andaro	andarono（遠過去・三人称複数）	行きました
angue	serpente（名詞）	蛇
appressarsi	avvicinarsi（不定詞）	近づく
arene	spiagge, terra（名詞）	浜、土地
arridere	essere favorevole（不定詞）	好意的である
ascoso	nascosto（形容詞）	隠れている
aure	aria（名詞）	空
avria	avrebbe（条・現在・三人称単数）	持つ
avventurata → avventurare (Aida)	favorito dalla sorte（過去分詞）	運命の好意を受ける
avvi	c'è（現在・三人称単数）	いる、…がある
balocco（Serva padrona）	stupido（名詞）	あほ
barbaro	straniero（名詞）	外国人
cape（† capére 欠如動詞）	capire（直接法・現在・三人称単数）	理解する
carme	canto（名詞）	歌
cautelosamente（Butterfly）	con attenzione（副詞）	注意しながら
cerèbro（cèrebro）	cervello（名詞）	脳
chieggio/chieggo	chiedo（chiedere 現在・一人称単数）	尋ねる、頼む
chieggiono	chiedono（現在・三人称複数）	尋ねる、頼む
chiome	capelli（名詞）	髪
ciglio	occhio（sineddoche）（名詞）	目
circumcirca（Don Giovanni）	all'incirca（副詞）	だいたい（ラテン語に見せかけた）
corca	corica（coricare 現在・三人称単数）	横になる
còrre	cogliere（不定詞）	拾う
covresi → si covra → si copra	coprire（接続法・三人称単数）	覆う
d'uopo（non ho d'uopo）	bisogno（名詞）	必要
da lunge	da lontano（副詞）	遠くから
dappresso	vicino a（副詞）	…の近くに
de'	dei（前置詞＋冠詞）	…の
de'/dée	deve（dovere 現在・三人称単数）	…せねばならない
debbe	deve（dovere 現在・三人称単数）	…せねばならない
debellato	vinto（vincere 過去分詞）	負かされた
deggio/degg'io	devo/devo io（dovere 現在・一人称単数）	…せねばならない
deggiono	devono（dovere 現在・三人称複数）	…せねばならない
dèi/dêi	devi（dovere 現在・二人称単数）	…せねばならない

補遺C

denno	devono（dovere 現在・三人称複数）	…せねばならない
dèssi（Un ballo in maschera）si deve - si dee - si de' - dèssi	dovere（現在・非人称）	…せねばならない
desiare	desiderare（不定詞）	希望する
desso	lui stesso/lui stessa	彼／彼女自身
diacin（che）	che diamin（感嘆詞）	いったい
dieno（Don Carlo）	diano（接続法・三人称複数）	与える
diero/diêro/dier（Handel）	dettero（dare 遠過去・三人称複数）	与える
dimora	indugio（名詞）	遅刻
di paro（Tosca）	alla pari	…と同等に
diria → direbbe	dire（条件法・三人称）	言いたい
dispar disparire（Don Carlo）	sparire（現在・三人称単数）	消える
doglia	dolore（名詞）	苦労
doppia	名詞	ミラノで造られた２スクードと同価値の金貨
duro	名詞	25グラムのスペインの銀貨
drudo	amante（名詞）	愛人
duolmi（mi duole）	mi dispiace（現在・三人称単数）	痛む
duolo	dolore（名詞）	苦しみ
egro	ammalato（形容詞）	病気の
ei	egli（代名詞）	彼
empio	crudele（形容詞）	逆運の
escivo	uscivo（半過去・一人称単数）	出かける
estro	fantasia（名詞）	霊感
eternizzare	rendere eterno（不定詞）	不朽
etra（etere）（Otello - Verdi）	aria（名詞）	空気
eureka（La Bohème）	ho trovato（ギリシャ語）	見つけました
face/facella	luce/piccola fiamma（名詞）	松明
fè（fe'）	fece（fare 遠過去・三人称単数）	しました
fe'（fé）	fede（名詞）	忠実／信仰
fea	faceva（fare 半過去・三人称単数）	する
ferîr（Macbeth）	ferirono（ferire 遠過去・三人称複数）	傷つける
ferità（Alcina, Ultima -Handel）	selvatichezza（名詞）	野生であること
fersi	si fecero（farsi 遠過去・三人称複数）	になる
festi/e	facesti/e（fare 遠過去・二／三人称単数）	する

fia	sarà/ò (essere 未来・三／一人称単数)	であろう
fiano	saranno（fare 未来・三人称複数）	であろう
fiero	orgoglioso（形容詞）	誇り高い
fiso	fisso（形容詞）	動かない
flussione（Don Giovanni）	arrossamento	発疹
fora	sarebbe stato (essere 条件・三人称単数)	である
frale	corpo（名詞）／fragile（形容詞）	体／弱い
furò（furare）（La traviata）	rubare（遠過去三人称）	盗む
fûro	furono（essere 遠過去・三人称複数）	…である
furti（i miei） （Le nozze di Figaro）	i miei scherzi（名詞）	遊び
gire	andare（不定詞）	行く
giva/gìa	andava（andare 半過去・三人称単数）	行く
indìa（indiare）（Un ballo in maschera）	divinizza （divinizzare 現在三人称単数）	神格化する、幸せになる
infiora	abbellisce （abbellire 現在・三人称単数）	飾る
irne（ire + ne）	andarne（不定詞）	向かっていく
istoria	racconto（名詞）	話
ite	andate（andare 命令形）	行く
ito/ita	andato（andare 過去分詞）	行く
labbia	labbra（名詞・複数）	唇
lasso	stanco（形容詞）	疲れた、不幸な
licor	liquore（名詞）	酒
lordi（Lord のイタリア化）	Lord（名詞複数）	イギリスの上院／貴族
lumi	occhi（sineddoche）（名詞）	目
maniglio（Orlando - Handel）	braccialetto（名詞）	ブレスレット
mascellone （La serva padrona）	schiaffo（名詞）	平手
meco	con me	私と一緒に
mel	me lo（結合形の代名詞）	それを私に
menerò（menare）	condurrò（未来・一人称単数）	導く
mercè	grazie	ありがとう
merto	merito（名詞）	手柄
monta（montare）	è importante（現在・三人称）	大事である
mora → muoia	morire（命令形・三人称）	死ねばいい

補遺C

mostro（Il barbiere di Siviglia - Rossini）	esempio（名詞）	例
ne'	nei（前置詞＋冠詞）	中に
niega	nega（negare 現在・三人称単数）	否定する
nimistà（I Capuleti e i Montecchi）	inimicizia（名詞）	敵意、憎悪
niun（o）	nessuno（形容詞）	だれも
n'odi（odine）（Macbeth、III, 3 - Verdi）	udire（命令形）	聞きたまえ
nol	non lo（不定辞＋代名詞）	それをではない
nudrire	nutrire（不定詞）	養う
odo	sento（sentire 現在・一人称単数）	聞く
omai	ormai（副詞）	常に
onde	perché, per cui（接続）	何故／だから」
opra	opera（名詞）	作品、出来事
ove	dove（副詞）	どこ
palaggio（Alcina, III,1- Handel）	palazzo（名詞）	宮殿
parlâr（Macbeth - Verdi）	parlarono（parlare 遠過去・三人称複数）	話す
pe 'l	per il	ために
pel / pei	per il / per i	…のために
penante	penare（現在分詞）	苦しむ人
perano	periscano（perire 現在接続法・三人称複数）	死ぬ
periglio	pericolo（名詞）	危険
pie'	piede（名詞）	足、足元
pili（Norma - Bellini）	pilo（名詞）	古代ローマの槍投げ
ponno	possono（potere 現在・三人称複数）	出来る
porrà（La serva padrona - Pergolesi）	potrà（potere 未来・三人称単数）	出来る
poscia	poi（副詞）	後で
possa	potere（名詞　女性）	力
prece	preghiera（名詞）	祈り
pria	prima（副詞）	前は
priego	preghiera（名詞）	祈り
primiero	primo（形容詞）	最初の
profferse → profferire	dire（不定詞）	言う
puote	può（potere 現在・三人称単数）	出来る

redaggio (Gianni Schicchi)	retaggio（名詞）	遺産
rivoli (rivolare)	volare di nuovo（接続法・三人称）	再び飛ぶ
rubello	ribelle（名詞）	反抗期
sallo	lo sa（potere 現在・三人称単数）	知る
saria	sarebbe (essere 条・現在・三人称単数)	…である
schiffo (I Capuleti e i Montecchi)	Schifo（名詞）	軽いボート
sciolgansi → si sciolgano	sciogliere（接続法・非人称）	解く
sculto	scolpire（過去分詞）	刻み込む
seco	con sé	自分と一緒に
sen (viene/va)	se ne (viene/va) 代名詞	立ち去る／来る
serto	corona（名詞）	花冠
sì	così（副詞）	これほど
sicambre (scure) (Norma)	dei Galli（形容詞）	ライン川地方に住んでいた古代種族
siccome	come（接続）	…のように
sien → siano	essere（接続法・三人称複数）	…である
soglio	il trono（名詞）	王座
soglio (La Traviata)	solere（現在・一人称単数）	する習慣がある
sovra	sopra（前置詞）	上
sparve → sparì (Il Trovatore)	sparire（現在・三人称単数）	消える
spendio	dispendio（名詞）	出費
spene (Partenope - Handel)［稀］	speme（名詞）	希望
spirò	morì（morire 遠過去・三人称単数）	亡くなる
spirtale	spiritale（形容詞）	精神の
sprezzare	avere il coraggio di（不定詞）	ものともしない
subito	improvviso（形容詞）	急な
surti (I Capuleti e i Montecchi)	sorti（sorgere 過去分詞）	立ち上がる
tai	tali（形容詞）	そのような
teco	con te	君と一緒に
tenebror (Otello)	oscurità（名詞）	やみ
teodia (Mefistofele)	名詞	賛美歌
tòrre/torria	togliere（不定詞／条件法）	抜く
tragge	trae（trarre 現在・三人称単数）	引き出す
ugna (Otello)	unghia（名詞）	爪

補遺 C

ultore	vendicatore（名詞）	復讐者（男）
ultrice（Riccardo I-Handel)	vendicatrice（名詞）	復讐者（女）
v'ha	c'è（esserci 現在・三人称単数）	あります
vanne	vattene（andarsene 命令形）	出ていく
vassi（Orfeo）	andare（不定詞）	行く
veggasi	si veda（vedere 現在・三人称単数）	気づく
veggo/veggio	vedo（vedere 現在・一人称単数）	見る
veneri（La Traviata）	gioventù, bellezza（普通名詞）	若さ、美しさ
ver	verso（前置詞）	の方に
vizza（†vizzire）Mefistofele	avvizzire（現在・三人称）	しなびさせる
vo'	voglio（volere 現在・一人称単数）	欲する
voluttade	forte piacere（名詞）	肉体的な喜び
vuo'	vuole（volere 現在・三人称単数）	欲する

参考文献 (Bibliografia)

Piero Mioli：*Manuale del melodramma*　Biblioteca Universale Rizzoli, 1993
Piero Mioli：*Le più belle arie d'opera*　Tascabili Economici Newton, 1993
Francesco De Rosa e Giuseppe Sangirardi：*Introduzione alla metrica italiana*　Biblioteca aperta Sansoni, 1996
Dubois, Giacomo, Guespin, C. Marcellesi, JB. Marcellesi, Mével：*Dizionario di linguistica*　Zanichelli 1983
Bruno Gallotta：*Manuale di Poesia e musica / Il testo poetico in rapporto con la musica / Analisi, esercitazioni e glossari*　Seconda Edizione 2007, Rugginenti Editore
J. デュボウ他著：*DICTIONERE DE LINGUISTIQUE*　大修館書店, 1980
小瀬村幸子，ルイージ・チェラントラ：『伝統のイタリア語発音――オペラ・歌曲を歌うために』東京藝術大学出版会，2010
Adriana Guarnieri Corazzol：*MUSICA e LETTERATURA in ITALIA tra OTTOCENTO e NOVECENTO*　Sansoni, 2000
Friedrich Lippmann：*Versificazione italiana e ritmo musicale*　Liguori editore, 1986
Lorenzo Arruga：*IL TEATRO D'OPERA ITALIANO*　una storia, Feltrinelli, 2009
Vito Pandolfi (a cura di)：*LA COMMEDIA DELL'ARTE storia e testo "Nuovi testi e rari" vol. I-VI*　Casa Editrice Le lettere, 1988
Luciano Malepari：*Manuale di Pronuncia Italiana*　Zanichelli, 1999
Pietro G. Beltrami：*LA METRICA ITALIANA*　il Mulino, 1991
Carlo Tagliavini：*LA CORRETTA PRONUNCIA ITALIANA*　Casa Editrice Libraria Capitol, 1965
Massimo Mila：*I costumi della Traviata*　Edizioni Studio Tesi, 1984
Massimo Mila：*Giuseppe Verdi*　Laterza, Bari 1958
Hamish Swanston：*L'ISPIRAZIONE EVANGELICA DI HÄNDEL*　Claudiana, 1992
Gian Giacomo Stiffoni：*Non sono cattivo comico, caratteri di riforma dei drammi giocosi di Da Ponte per Vienna*　Se Sono-Paravia, 1998
Cesare Scarton：*Il melologo. Una ricerca storica tra recitazione e musica*　Edimond.
Dent：*IL TEATRO DI MOZART*　Rusconi Libri, 1994 (originale inglese del 1947)
Danilo Faravelli：*COSì FAN TUTTE*　Mursia, 1992
Nino Pirotta：*DON GIOVANNI IN MUSICA, Dall'"Empio punito" a Mozart*　Saggi Marsilio, 1991
Alessandro Roccatagliati：*RIGOLETTO*　Mursia, 1991
Lorenzo Bianconi (a cura di)：*LA DRAMMATURGIA MUSICALE*　Il Mulino, 1986
Ladislao Galdi：*Introduzione alla stilistica italiana*　Patron1971
Stefano Carrai (a cura di)：*Angelo Poliziano STANZE FABULA DI ORFEO*　Mursia, 1999, edizione integrale commentata
Pier Maria Paoletti e Eduardo Rescigno (a cura di)：*Guida illustrata a IL BARBIERE DI SIVIGLIA la vicenda, la storia, la fortuna, la discografia, il libretto*　Fratelli Fabbri Editori 1976
Massimo Mila：*lettura del Don Giovanni di Mozart*　Piccola Biblioteca Einaudi, 1988
Paolo Emilio Carapezza：*Figaro e Don Giovanni due folli giornate*　S. F. Flaccovio, Editore - Palermo, 1974

Anna Angelini : *Invito all'opera - MADAMA BUTTERFLY*   Mursia, 1990

Francesco Attardi Anselmo : *Invito all'opera - DON PASQUALE*   Mursia, 1998

B Migliorini : *Storia della lingua italiana*   Biblioteca Sansoni, 1971

Giuseppe E. Sansone : *Le trame della poesia - Per una teoria funzionale del verso*   Vallecchi Editore, 1988

Umberta Bartolini, tipoplogia sillabica dell'italiano. Studio statistico, Studi di Fonetica e Fonologia, Atti del convegno internazionale di Studi, Padova, 1 e 2 ottobre 1973, Bulzoni Roma 1976

Teresa Poggi Salani, Note sull'italiano di Milano e in particolare sulla e tonica. Studi di Fonetica e Fonologia, Atti del convegno internazionale di Studi, Padova, 1 e 2 ottobre 1973, Bulzoni Roma, 1976

藤谷道夫、ダンテ『神曲』地獄編対訳、帝京大学外国語外国文学論集第16号

Luciano Mariti : Commedia ridicolosa. Comici di professione dilettanti. Editoria teatrale nel seicento. Storia e testi. Bulzoni Editore,1978

Roberto Fedi (a cura) : *Cavalleria rusticana*   Salerno Editrice, 1990

Paolo Lecaldiano (a cura di) : *Lorenzo Da Ponte, Tre libretti per Mozart*   Biblioteca Universale Rizzoli, 1990

A. Fabiano : I "buffoni" alla conquista di Parigi. Storia dell'opera italiana in Francia tra "Ancien Régime" e Restaurazione (1752-1815) un itineriario goldoniano, Torino, De Sono-Paravia 1998, 390 pp.

Paola Geri : *Manuale d'italiano per Cantanti d'Opera*   Guerra Edizioni, 2004

Stefano Ragni : *Corso di Storia della Musica italiana per Stranieri*   Guerra Edizioni, 1993

Giorgio Prodi : *L'uso estetico del linguaggio*   Saggi 249, IL Mulino, 1983

Bandini-Polato-Spezzoni-Mengaldo-Mutterle, Ricerche sulla lingua poetica contemporanea (Rebora-Saba-Ungaretti-Pavese), Liviana Editrice in Padova, 1972

Giuseppe Sansone : *Le trame della poesia*   Vallecchi Editore, 1988

LA GRANDE LETTERATURA ITALIANA, PETRARCA, RIME -TRIONFI   Fabbri EdItori, 2006

LA GRANDE LETTERATURA ITALIANA, GOLDONI, ALECCHINO SERVITORE DI DUE PADRONI, LA BOTTEGA DEL CAFFÈ, LA LOCANDIERA, IL CAMPIELLO, LE BARUFFE CHIOZZOTTE   Fabbri Editori, 2006

Riccardo Viagrande : *Musica e poesia arti sorelle*   Casa Musicale Eco, 2005

William Ashbrook - Gerardo Guccini : Mefistofele di Arrigo Boito, Collana di Disposizioni sceniche diretta da Francesco Degrada e Mercedes Viale Ferrrero   Ricordi, 1998

James A. Hepokoski - Mercedes Viale Ferrero : Otello di Giuseppe Verdi, Collana di Disposizioni sceniche diretta da Francesco Degrada e Mercedes Viale Ferrrero, Ricordi, 1994

[著者略歴]

エルマンノ・アリエンティ Ermanno Arienti
1978年に来日。現在、東京藝術大学大学院、東京音楽大学にてイタリア・オペラ、楽曲の言語指導・Diction を教える。さまざまなオペラ上演の企画に参加、言語指導を行う。主な著書として『すぐに使える！短いイタリア語表現 2009』『レクイエム発音講座』『フィガロの結婚・対訳と発音講座』がある。

[訳者略歴]

諏訪 羚子（すわ れいこ）
東京藝術大学楽理科卒。都立立川短期大学、白梅学園短期大学講師を経て、現在、日本ヘンデル協会事務局所属運営委員。ヘンデルのオペラ台本研究・翻訳にたずさわる。

影井 サラ（かげい さら）
慶應義塾大学大学院修士課程修了。現在、東京藝術大学、帝京大学にてイタリア語非常勤講師。

書　名：作詩法の基本とイタリア・オペラの台本―より正しく理解するために
発行日：平成28年 1 月25日　第一刷発行
　　　　令和 4 年 1 月14日　第三刷発行
著　者：エルマンノ・アリエンティ　Ermanno Arienti
訳　者：諏訪 羚子(本文、序文)／影井 サラ(はじめに、補遺)
発　行：東京藝術大学出版会
連絡先：〒110-8714　東京都台東区上野公園12－8
　　　　TEL：050-5525-2026　FAX：03-5685-7760
　　　　URL：http://www.geidai.ac.jp/

編　集：石川 勝
ＣＤ制作（朗読）：エルマンノ・アリエンティ　Ermanno Arienti
　　　　　　　　：ティツィアーナ・ドゥカーティ　Tiziana Ducati
本文組版・印刷：星野精版印刷株式会社

Ⓒ Ermanno Arienti
2016 TOKYO GEIDAI PRESS
ISBN978-4-904049-48-8　C3073

定価はカバーに表示してあります。

乱丁・落丁本はお取り替えいたします。
本書の無断転載を禁じます。